秘の思想

日本文化の
オモテとウラ

柳父 章

Yanabu Akira

目次

第一章　秘の思想

1　秘する花

世阿弥は、こう述べている。

秘する花を知る事。秘すれば花なり、秘せずば花なるべからず、となり。この分け目を知る事、肝要の花なり。そもそも、一切の事、諸道藝において、その家々に秘事と申すは、秘するによりて大用あるが故なり。しかれば、秘事といふことを顕はせば、させる事にてもなきものなり。これをさせる事もなしと云ふ人は、未だ、秘事と云ふ事の大用をしらぬが故なり。

（『風姿花伝』岩波書店、一九五八年、一〇三頁）

「秘する花」が「肝要の花なり」と言う。ここで、とりわけ後半の「秘事といふことを顕はせば、させる事にてもなきものなり。これをさせる事もなしと云ふ人は、未だ、秘事と云ふ事の大用をしらぬが故なり。」というところがスゴイ。

「花」とは、今日の言葉では、beauty などの西洋語の翻訳語としての「美」の意味に近いだろう。能という芸術の美は、秘することにある、と言うのだが、「秘」するから「美」がつくられる。この「秘」を「顕はせば」、なんということもない。美はそこにはない、と言う。

これは芸術論であるが、おそらく、およそ日本の文化全体についての核心が、ここで指摘されている、と私は考える。その次第を、以下、本書で述べていきたい。

世阿弥のこの意見は、秘の効用を説いているわけで、いわば「秘」のプラスの働きのことであるが、逆に、秘のマイナス面を指摘した意見がある。江戸時代、十八世紀の儒者、富永仲基は、『翁の文』で、日本の宗教、神道を、インドの仏教、中国の儒教と比較して、こう述べている。

仏道のくせは、幻術なり。幻術は今の飯綱（いづな）の事なり。天竺はこれを好む国にて、道を説き人を教ゆるにも、これをまじえて道びかざれば、人も信じてしたがはず。されば釈迦はいづなの上手にて、六年山に入て修行せられたるも、そのいづなを学ばむとてなり。

…… ……

又儒道のくせは、文辞なり。文辞とは、今の弁舌なり。漢はこれを好む国にて、道を説き人を導にも、是を上手にせざれば、信じて従ふ事なし。

…… ……

扨又神道のくせは、神秘・秘伝・伝授にて、只物をかくすがそのくせなり。凡かくすといふ事は、偽盗のその本にて、幻術や文辞は、見ても面白く、聞ても聞ごとにて、ゆるさるゝところもあれど、ひとり是くせのみ、甚だ劣れりといふべし。

（『日本古典文学大系97 近世思想家文集』岩波書店、一九六六年、五五八―六〇頁）

これは、近代以前の日本の思想家には珍しい、比較文化論的に、日本文化を外側から見た意見である。「只物をかくすがそのくせなり」という神道批判、日本文化批判は、近代西欧渡来の学問を知った現代人には、それほど驚かない人もいるかもしれないが、話は、江戸時代のことである。この後、仲基はさらに、こう述べている。

今の世は末の世にて、偽盗するものも多きに、神道を教ゆるものゝ、かへりて其悪を調護することは、甚だ戻れりといふべし。彼あさましき猿楽・茶の湯様の事に至るまで、みな是を見習ひ、伝授印可を拵へ、剰価を定めて、利養のためにする様になりぬ。誠に悲しむべし。

（同書、五六〇頁）

世阿弥の「秘」の仕掛けは、ここですっかり正体を暴かれてしまっているかのようだ。仲基の指摘は、世阿弥とほとんど同じことを、評価を正反対にひっくりかえして、まさに「あさましき猿楽・茶の湯様の事に至るまで」、秘の仕掛けを鋭く暴いていたのである。

ここで、福沢諭吉の、『福翁自伝』（岩波文庫、一九八六年）に語られているその少年時代の告白が思い出される。

……私の養子になっていた叔父様も家の稲荷の社の中には何が這入っているか知らぬと明けて見たら、石が這入っているから、その石を打擲ってしまって代わりの石を拾うて入れて置き、また隣家の下村という屋敷の稲荷様を明けて見れば、神体は何か木の札で、これも取って捨ててしまい平気な顔していると、間もなく初午になって幟をたてたり太鼓を叩いたり御神酒を上げてワイワイしてるから、私は可笑しい。「馬鹿め、乃公の入れて置いた石に御神酒を上げて拝んでいるとは面白い」と、独り嬉しがっていた　……　……（同書、二三頁）

福沢はその後、欧米を見聞して近代の学問・教養を身につけるわけだが、これはもちろんそれ以前の話である。

世阿弥や富永仲基の「秘」の思想については、現代の加藤周一が既に指摘し、批評している。一九七四年に発表されているのだが、世阿弥の思想を論じ、富永仲基の意見を引用し、さらに伝統的な「秘伝」について、こう批判している。

「……秘伝」は歌道・音楽・武芸など、ほとんどすべての芸事について、父子相伝の宗家を、他から区別し、権威づけるために行われた。おそらく平安朝末期に始まり、江戸時代の末まで、少なくとも一部は今日に及ぶ。その典型的な場合は、いわゆる「古今伝授」で、藤原基俊が藤原俊成に『古今集』の本文と解釈を授けた時（一一三八）に始まるという。本文の解釈には、若干の部分を空白として、その部分の説明を別紙に認めて「秘伝」とする。「秘伝」の目的は、宗家の権威づけであるから、他人の知らぬことを宗家が知っていさえすれば、その内容は何でもよろしい。「古今伝授」の「秘伝」が典型的なのは、それが早く始まって何世紀もつづいたということだけではなく、それによって得られた経済的利益が大きく（宗家の荘園）、その内容が実に下らぬものだったからである。『古今集』にあらわれる小鳥の名まえ三つ（「三鳥」）と樹の名まえ三つ（「三木」）の注釈。まさに極端な些末主義であって、「秘伝」の内容は、『古今集』解釈の大すじやその評価とはほとんど全く関係がない。ここで大切なのは秘密の事実であって、「その内容」ではない。ということは、おそらく一般に「秘伝」なるものの特徴であったろう。

（加藤周一「解説」『日本思想大系24　世阿弥禅竹』岩波書店　一九七四年、五一三頁）

ところで、私は、富永や福沢から加藤に至る鋭い批評精神を高く評価するのであるが、その日本文化批判を片方に置きながら、世阿弥の説く「秘する花」の視点も重視していきたい。日本文化のいわば本質的特徴として、秘の効用、秘の文化的生産性について、そして、このような発想法を生み出した背景について、さらに掘り下げて考察していきたいと考えている。

2　秘の構造

「秘」とは何か。その構造を考えてみよう。以上で指摘されているように、まず、立派な形がある、立派そうな形がある。しかし、その中身は「させる事もなし」とか、「只物をかくす」その「物」とか、「明けて見たら」ただの「石」というわけである。記号論で言うと、ふつう記号には、シニフィアン signifiant、つまり「形」があって、そのウラには必ずこれに対応したシニフィエ signifié、つまり「内容」があるものなのだが、この理論の立場から見ると、どうもおかしい。すなわち「形」があって、その内容がない、ほとんどない、というわけである。

ところが、このような「秘」の見方は、秘の向こう側からの見方である。あるいは、秘をつくり出す側からの見方である。世阿弥は能の作者であり、福沢諭吉は、「石を拾うて」ご神体をつくり出した。この反対に、秘のこちら側、つまり、能の観客や、神殿とかお稲荷さんを礼拝する人々の立場から見ると、まず、「形」があって、その向こうには、なにやら明瞭ではないが、すばらしい、立派なものがある、あるに違いない、ということになる。シニフィアンがあって、そのシニフィエは、ゼロであるどころか、充実している。芸能の感動、宗教の礼拝の対象である。記号論で通常説かれるところ以上とも言える。シニフィエの意味内容は、必ずしも明瞭でない、しかし、明瞭でないだけに、限りないほどの豊かな意味が、そこからわき出てくるようでもある。すなわち、端的に言えば、ある形に対して、その意味内容は、ゼロか無限大か、のいずれかになる。秘の構造を考えるには、この相反するような両面からの視点が不可欠である。

このような「秘」の文化現象は、実は、改めて考察してみると、いろいろなところに見いだすことができる。日本に限らない。古今東西の文化の至る所にある。だが、とりわけ、わが日本の文化の中に豊かにある。なぜか。それは、秘をつくり出す、という文化伝統がつくられてきたからだ。たとえば、秘伝、秘宝、秘仏、秘法など、後に詳しく述べるような例である。世阿弥のこの『花伝書』じたい、能の宗家に伝えられた「秘伝」の書だった。

秘をつくり出す、とは言ったが、ここに引用した世阿弥や、富永仲基や、福沢諭吉などは、秘を肯定するにせよ、否定するにせよ、日本では珍しいような、例外的とも言うべき冷めた意識の人だった。日本文化史上、秘はおびただしく生産されてきているが、通常は、この人たちほど意識的にではない。ほとんど無意識のうちにつくられる。あるいは、意識と無意識の境目あたりでつくられている。だから、ふつうは、それが「秘」であることも気付かれないことが多い。そういう例を、以下、たくさん紹介していくつもりである。

では、なぜ、とくに日本文化の中で、「秘」は文化伝統とも言えるほどによく生産されるようになったのか。

それは、先進舶来文化を受容することで、自らの文化をつくってきた歴史に由来している、と私は考えている。

秘は、送り手と受け手の側でつくられる、と私は述べた。舶来文化は、「舶来」として当然、もっぱら受け手の側でつくられていく。その送り手は見えない。そして、そのとき受け取ったものは、「先進」舶来文化である、という先入観に支えられている。それは、すばらしい、立派なものであるに違いない。こうして、受け取り方に関する限り、前述の、「つくられた秘」の受け取り方と共通している。「秘」とは、つまり表現ではあるが、隠されている。「隠された表現」ということができるだろう。

すばらしいものを受け取った、しかし、その送り手はよく見えない。このような舶来文化の受け取り方の経験が、やがて自ら、すばらしい、立派なものをつくり出そうとする「秘」をつくりだしたのである、と考える。

そのような舶来文化の受け取り方の例を、いくつか見てみよう。

3　舶来文物の典型、銅鐸

古代日本の弥生時代、紀元元年前後の頃、銅鐸といわれる釣り鐘のような形の、不思議な物体が出現していた。当時の大和では貴重な青銅製で、しかも、かなり大量につくられていた。島根県の加茂岩倉遺跡からは、一カ所から三十九個も見つかっている。その一つ一つは入念につくられ、青銅を大量に用いている。しかもそれらは土の中に埋められていた。銅鐸の初期のものは一〇センチくらいの大きさだが、弥生時代の後期になるにつれて大きいものがつくられ、中には、滋賀県大岩山遺跡から出た高さ一三四センチもの大きさのものもある。

ではこの銅鐸は何のためにつくられ、どうやって使われたのか。銅鐸の内部には、舌《ぜつ》といわれる棒が吊り下げられていたことから、まず鳴らして音を出す楽器であったらしい。銅鐸研究の第一人者、佐原真は、次のように要約して述べている。

銅鐸を鳴らす場としては、稲作技術と一体となって到来した稲作儀礼にかかわる祭りほどふさわしいところはあるまい。大陸では家畜の頸に鈴を下げることは一般的であった。漢の馬鈴は朝鮮半島から日本の九州に及び、朝鮮半島独自の鈴、朝鮮式小銅鐸も九州に達している。しかし稲作伝来に際して、牛、豚、羊、ヤギ、馬などの家畜は日本に渡ってこなかったため、鈴は日本では祭りのカネとして発達し、大型化・装飾化して〈見る銅鐸〉に化した。

銅鐸は、山、丘の傾斜面の頂上近くなどに穴を掘り、ここに横たえて埋めた状況で見いだされる。壁を石で築いたり天井石をかぶせた例はない。……　……埋納の目的・意義こそ、銅鐸をめぐる最大の謎である。社会の変革、危急に際して埋め隠したとか、ヨーロッパ青銅器時代の〈商人のデポ〉のように、配布にそなえて埋め隠したとか、領域の境界に埋め、悪霊や敵対者の侵入を防いだとか多くの解釈がある。常日ごろは聖域に埋納し、祭りに際して取り出して使ったというのも一説であって、これについては土の神霊が銅鐸に宿り、これを取り出すことは土霊を地上に迎えることであり、埋めることは霊を土に戻すことである、という解釈も加えられている。

……

（『世界大百科事典第二〇巻』平凡社　一九八五年、八八頁）

以上のように、銅鐸は、その初め稲作儀礼の祭具であり、また悪霊や侵入者を防ぐ呪物として用いられたらしい、と解説されている。

銅鐸と同じ形は、中国や朝鮮などにも存在していないので、銅鐸は大和でつくられたものと考えられているが、剣や矛などの青銅の金属製品は、明らかに中国、朝鮮からの舶来であり、銅鐸も、その原型は、中国、朝鮮にあった、というのが定説である。中国の古銅器の鈴や、古代朝鮮の小銅鐸がお手本であった、と考えられている。

銅鐸は何のためにつくられ、使われていたのか。祭器とか、呪物ではなかったか、とよく言われる。銅鐸表面に、鹿とか、トンボの絵が描かれていたことから、農耕儀礼で祭られていたのではないかとも言われる。しかし、用途や意味がよく分からないものは、祭祀や呪術の用具であったなどとは、よく言われることである。

舶来の文物が、この島国に到来した。その用途はよく分からない。しかし、それは、とにかく先進文化であって、貴重な、立派なものである。そのコピーを、こちらでつくった。貴重な素材を大量に消費して、おそらく当時の共同体での工業生産の力を尽くして製作し、大事に扱われた。この過程は、舶来品をありがたく受取り、次に自ら一見ありがたそうな「秘」をつくりだす典型的な過程であったように思う。それは、表現ではあるが、「ありがたさ」を求める表現であって、舶来品の「よく分らないありがたさ」のように、隠されているようにつくられる。隠されていることを求める表現、という矛盾の表現である。銅鐸は、その「隠された表現」の初期の形ではなかったか。地中に埋めたのは、もちろん捨てたわけではなく、隠したのに相違ない。貴重なものであったから隠した。その扱い方は、後世の秘仏、秘宝、秘伝と共通しているのではないか。

およそ異文化の形は、その用途や意味とともども、まったく同じように一緒に到来するのではない。形がまず入ってきても、その用途や意味は、十分には伴っていないのが、むしろ異文化交流の原則である。私は、本書の全体を通じて、この原則を語っていきたいとおもっている。

異文化から到来した事物は、とにかくまず表面的な形として現れてくる。もとの用途や意味は、せいぜいその一部しか伴ってこない。そしてこうして受容された異文化は、やがて自文化の中で、独自の用途、意味をつくっていく。一般にA文化とB文化とが出会うとAでもBでもないCがうまれる。言葉についても、文物についても同様である。

銅鐸は、この島国の人々にとって、まったく見慣れない形の品物であった。音を出したり、飾ったりしただろう。そしてとにかく大事にした。まずそこから始まっていたに違いない。

4　青銅製の剣、矛、戈

銅鐸と同じ頃、やはり青銅製の剣や矛《ほこ》や戈《か》が、朝鮮半島から伝えられていた。ところが、銅鐸が大きくなっていくのと同じように、弥生後期になるに従って、剣、矛、戈も大きく、幅が広くなっていく。剣、矛は、銅鐸と違って、その用途は明らかなはずである。手に持てないほどに大きく、それに取っ手も小さくなった剣や矛や戈は、武器としての役に立たない。しかも大量に、貴重な金属を用いてつくられていた。初期の頃の細い青銅製武器は朝鮮の原型とそっくりだが、大型化した形はまったく大和独自である。武器の大型化は、銅鐸の大型化以上に不思議であるが、銅鐸が次第に大型化していったのと同じような過程を辿った。それはやはり「隠された表現」の過程ではなかったか。

一般には、大型化した武器についても、祭器説、呪物説がよく説かれている。

考古学者、桑原久夫は、まず一応慎重にこう述べる。

大型化した銅矛や銅鐸が道具としての実用性を失っていることは誰の目にも明らかであるけれども、しかし、それらを「祭器」と決めてかかるにはもう少し検討の必要がある。実用的なものでないから、すぐに「祭器」であるとする訳にもいかないのである。『広辞苑』によると、「祭器」とは「祭事に使用する器具」である。「祭器」であるとするならば、それが用いられた祭事はいったいどのような祭事だったのだろうか。また、どのような用いられ方をしたのだろうか。それに、どんどん巨大化してゆく背景にはいったいどのような事情が存在したのだろうか。

（桑原久夫「銅鐸と武器の祭り」金関恕・佐原真編『古代史の論点5　神と祭り』小学館、一九九九年、一一五頁）

そして、結局、模擬戦の祭事を推測する。その根拠は、土器の絵画であるが、とくに奈良県の清水風遺跡から出土した土器に描かれた絵画について考察する。そこには、両手を広げた弥生時代の司祭者の姿をした人物がいて、また盾と矛を持った二人の戦士がいて、さらに魚や鹿がいる。そこで、こう述べている。

……今でも、九州の大隅半島や静岡県・長野県の山間の一部の村々では、年頭の予祝儀礼で模造の獣を弓で射つ神事がおこなわれているが、民族学の千葉徳爾氏や野本寛一氏によると、これは狩猟儀礼の色彩が強いが、同時に、鹿や猪の害獣が水田を荒らさないようにあらかじめ退治しておくという呪的意味があるという。清水風遺跡の絵画土器は、弥生時代においても、それと同様の儀礼がムラの祭場で春の予祝儀礼の一環としてとりおこなわれていたことを物語っているのではないだろうか。稲作の妨げとなる敵と武装して戦うという意味で、これも一種の模擬戦をおこなっていると解釈できる。武器を用いる相手は必ずしも人間だけではなく、稲作のような人々の営みを妨げる害獣や悪霊たちでもあったのである。弥生時代において武器を祭器として用いる場合のひとつのあり方が思いうかぶ。

（同書、一二一頁）

もっともな推測である。今日でも狩猟儀礼はおこなわれているであろうし、それは、歴史上のある時期に始まったのであろう。あるいは、弥生時代から始まったのかも知れない。

私の本書での中心テーマは、ものごとの始まりである。呪術や祭の観念が、大型化した青銅製武器をつくりだしたのだろうか。それは、逆ではないか。幅の広い大型化した形の武器が出現し、その形が、やがて呪術や祭の観念を生み出したのではないか。

青銅製武器が中国、朝鮮からこの島国に到来したのが、弥生時代の前期末頃、そして中期の後半頃には、コピーで、しかも幅の広い矛などがつくられ始めている。到来した武器は確かに戦いに実際に使われたようだが、それが比較的短い期間に、明らかに実用を離れて大型化していった。研究者はその理由として、鉄製武器が到来し始めたためであるとも説明している。しかし青銅製武器が直ちに使われなくなったわけでもない。つまり武器としては依然有用なはずの青銅製剣や矛などが、いかにも急速に実用を離れていったというのは、依然として不可解である。

ということは、そもそも到来の初めから、必ずしも実用的な武器としてのみの理由で受け入れられていたのではなかったのではないか。棍棒や石棒くらいしか知らなかった男たちの前に、輝くような金属製の形が出現した。それは、武器であるばかりでなく、というより、なによりも未知の貴重な形の出現だった。そもそもの初めから、合理的な単なる実用的道具ではなかったのではないか。だからこそ、それはやがて急速に、その基本的な形はそのままに、もっと大きく、堂々とした姿になっていったのではないか。

5　舶来仏教の理解

時代をもう少し下げて、大和朝廷成立の初期、六世紀の頃の仏教伝来の経緯を考察してみよう。『日本書紀』によると、敏達天皇の十三年、百済の使いが仏像を持ってきた。豪族、蘇我馬子はその仏像を請い受けて、僧侶を出家させ、仏殿をつくってその仏像をまつった。その仏殿での大会《おおえ》のとき、仏舎利《ぶっしゃり》が馬子に差し出された。

……馬子宿禰《すくね》、試に舎利を以って、鉄の質《あて》の中に置きて、鉄の鎚を振ひて打つ。其の質と鎚と、悉《ことごと》くにくだけ壊《やぶ》れぬ。而れども舎利をばくだき毀《やぶ》らず。又、舎利を水に投る。舎利、心の所願《ねがひ》の随《まま》に、水を浮び沈む。是に由りて、馬子宿禰・池辺氷田《いけのへのひた》・司馬達等、仏法を深信《たもちう》けて、修行することと懈《おこた》らず。馬子宿禰、亦、石川の宅にして、仏殿を修治《つく》る。仏法の初、茲《これ》より作《おこ》れり。

（『日本古典文学大系68　日本書紀下』岩波書店、一九七二年、一四八頁）

蘇我馬子は、なぜ仏教を信仰するようになったか、というと、鉄の槌で仏舎利をひっぱたいたがこわれなかった、また、舎利を水の中に入れたら、浮き沈み自在だった、これはありがたい物に違いない、というわけだった、というのである。大和に仏教がおこなわれるようになったのは、こうして馬子が感心したためであるという。

ところが、その翌年、国に疫病がはやって、多くの民が死んだ。物部弓削守屋大連《もののべゆげのもりやのおほむらじ》と中臣勝海《なかとみのかつみ》は、天皇に上奏して、是は、馬子が仏教を興したためだ、と言った。もっともである、というので、物部大連は、自ら寺に行って、

其の塔を斫《き》り倒して、火を縦《つ》けて燔《や》く。并《あはせ》て仏像と仏殿とを焼く。既にして焼く所の餘《あまり》の仏像を取りて、難波の堀江に棄てしむ。

（同書、一五〇頁）

という事件になった。ここから、蘇我氏と、物部氏、中臣氏との戦争が起こる。

ところが、

又瘡発《かさい》でて死《みまか》る者、国に充盈《み》てり。其の瘡を患《や》む者言はく、「身、焼かれ、打たれ、摧《くだ》かるるが如し」といひて、啼泣《いき》ちつつ死《みまか》る。老も少も、窃《ひそ》かに相語りて曰はく、「是、仏像を焼きまつる

罪か」といふ。
夏六月に、馬子宿禰、奏して曰《まう》さく、「臣の疾《やまい》病《おも》りて、今に至るまでに愈えず。三宝の力を蒙らずば、救ひ治むべきこと難し」とまうす。是に、馬子宿禰に詔して曰《のたま》はく、「汝独り仏法を行ふべし。余人を断《や》めよ」とのたまふ。乃《すなは》ち三の尼を以て、馬子宿禰に還《かえ》し付《さづ》く。馬子宿禰、受けて歓悦《よろこ》ぶ。

（同書、一五〇―一頁）

ということになるのである。

仏教を受け入れて信仰する者も、邪教であるとして排斥する者も、仏教の内容の理解とは全く無縁だった、ということがこの記述で分かる。蘇我馬子は、マジックのような仏舎利に驚嘆して、仏教を信仰した。他方、物部弓削守屋大連たちは、国に疫病が流行するのは、仏教信仰のせいである、と仏殿を焼き、仏像を池に投げ込んだのである。

初めに、御顔きらきらしき仏像がある。その背後の意味内容などは、全く理解をこえていた。それにもかかわらず、それをありがたいといただく者と、邪教として排斥する者とは、互いに熱中して、血を流して争ったのである。

初めに形がある。その意味はよく分からない。しかし、それは大事な、立派なものである。

このような経験がくりかえされ、やがて、「秘」の文化がつくられた、と私は考える。

すなわち、初めに形を作る。その意味は、よく分からないようにする。すると、結果として、大事な、立派な意味として受け取られるようになる、というわけである。

第二章　出会い

1　人の出会い、モノの出会い

「秘」は、異文化との出会いから始まる、というのが、私の考えの出発点であった。ここで、「出会い」ということについて、少し掘り下げて考察したい。

分かりやすい例で、さきごろよく話題になった「出会い」を取り上げよう。若い人たちを中心に、携帯電話などで熱中しているといういわゆる「出会い系サイト」である。ここではもっぱら人との出会いであるが、とりわけ恋人探しであろう。うまく相手を見つけられることもあるようだし、中には結婚にまで至る例もあるらしい。ところが案に相違して、出会った相手にお金を取られて殺されるという例が、さきごろ話題になった。また、判事さんが、十四歳の少女と仲良くなろうとして、「出会い」に行ったら、お巡りさんに捕まっちゃったとか、要するに、「出会い」の先には何が起こるか分からない。幸福の絶頂から地獄までの可能性が、その先にある。好奇心の強い人々は、こういう可能性まで含めて「出会い系」に熱中するのだろう。

「出会い系」で求めるのは人との出会いだが、人との出会いに対して、モノとの出会いというのもあるだろう。買い物とか、嗜好品の収集に熱中する人々がいる。今日ではまあ平凡な、平和な行為になったようだが、貿易の歴史を見ると、かつて珍奇な、異質なモノとの出会いに情熱を賭けた人々がいた。冒険商人と言われた人たちは、大航海時代という一つの時代を開いていったのだが、それは文字どおりの冒険で、一艘の船に貿易品を積んで大洋を動き回り、遭難したり海賊に出会ったりすればすべてが失われた。莫大な富か破産か、そこにすべてを賭ける人々が、世界史の新時代をつくっていったのだった。今日では、モノについての情報が発達しているから、モノとの出会いはそれほどの冒険ではなくなったようだが、人間のモノへの情熱は依然きわめて激しいので、たとえば新製品の開発は、経済の動向を左右する。新製品とは、常識を超えた、未知の世界への扉を開くと期待されるわけだ。

人との出会い、モノとの出会い、そして言葉との出会いがある。人との出会いでも、モノとの出会いでも、私たちはふつうは、あらかじめ得た情報で、安穏無事に事態を処理していけるし、そうであると信じ、またたいていはそうなっていくように見えるが、実は出会いの先には何が起こるか分からない。その可能性が常に潜んでいる。そういう未知、不可解の可能性とは、実は「出会い」にとって本質的なのではないか。私たちが進んで新たな出会いを求めるとすれば、それは、このような未知、不可解の可能性じたいが、人を惹きつけるからではなかったか。

2 言葉の出会い

異質な言葉との出会いで、とくに文字との出会いを考えよう。それは、とりわけ、古代において、この島国の多数の人々が出会った外国語体験であった。また、近代以後の日本では、翻訳の体験である。言葉との出会いが、もし人やモノとの出会いと同時にあれば、言葉は何とか通じたりするだろう。見知らぬ国に旅行したとき、人の表情やジェスチャーや、指し示したモノのおかげで、案外意思が通じ合えることが分かる。こういうような状況の中から、太古以来、互いに異言語の人と人とは何とか通じ合ってきたのだろう。

しかし、中国語の到来や、西洋語の翻訳のような異言語との出会いは、人の出会いやモノの出会いとは一応切り離された、いわば純粋な言葉の出会いである。人やモノと共にある言葉の出会いが、話し言葉であるのに対して、本質的に書き言葉のレベルの問題である。つまり、出会いの場面では、書き言葉は話し言葉よりも純粋に言葉じたいが問われる。この純粋な言葉の出会いを処理する手がかりは、今日では、ふつう辞書の知識と文法の知識であるとされている。それで十分だろうか。さらに言語学という学問があって、もっと包括的な言語の知識を支えているとされている。学問的知識は、この言葉の出会いを処理する究極の解決になりうるのか。

近代の学問は、未知、不可解なものを認めない。確かに第一線の研究者は、未知、不可解のものを熱心に求めるのだが、それを既知、可解の論理体系の中に解消していく。たとえ今は未知、不可解であっても、将来必ず既知、可解にしてみせると確信する。そう信じなければ、学問は成り立たないとされた。この立場から考えると、出会いそのことは学問の対象にはならないことになるだろう。つまり、まず考えるべきは、出会いのこちら側と向こう側である。その上で、こちら側と向こう側とが出会う。学問的な思考はそういう順序になる。出会いから始めてその向こう側を捉えようとすれば、初めに彼方の未知なものを前提にせざるを得なくなるので、少なくとも近代の科学的方法には適していない。そういう学問的な言語学の典型は、チョムスキーの言語学であろう。こちら側の言語構造と、向こう側の言語構造とが、結局同じであると考えるわけで、そう考える立場では、「出会い」はほとんど問題にならないことになろう。

言語を構造として捉える古典的なソシュール言語学では、個々の言葉はすべて一つの完結した構造の中で捉えられている。言葉の意味とは、すなわち言葉相互の関係、ソシュールの用語で言う「値い valeur」である。その構造は完結している。閉じている。個々の言葉は常にこういう構造の中で理解されるので、ここでもまた、「出会い」はとくに問題にならない。閉じた構造の外側は、いわば考えてはいけない世界なのである。

翻訳とは、「出会い」から始まる。「出会い」から考えていくならば、未知、不可解を前提とせざるを得ない。未知、不可解を中に取り込んだ理論にならざるを得ない。それは私の言う翻訳理論である。

3　翻訳について

漢字は、その文字の形の上からは、今日では、中国の文字とはいろいろと違ってきている。学校で教える漢字や一般に使われる漢字は、伝統的な文字の形とは違った省略形になったのがかなりある。また中国で今日使われる文字も、簡体字と言って、日本の文字とは違った簡単な形になっている。しかし、その基をたどっていけば、両者は同じ文字に帰着するはず、と考えられるかも知れない。だが、その起源から違っている。古代大和に中国の文字が渡来してきた、その起源からすでに違っていた、と考えなければならない。と言うのは、文字の形のことではない。その意味や文法上の機能の違いである。そして、とくに文化的な機能の違いである。

この事情は、翻訳論の基本にもどって考えると、よく理解できるだろう。

およそ一つの言葉は、その言葉を含む言葉の構造全体の中で、機能している。ここではとくに言葉の意味について考えたいが、文法についても、発音についてもそうである。言葉を一つだけ取り出して、その意味を考えるということは、母語の中だから可能なので、異言語の一つの言葉については、そう簡単にはいかない。外国語と出会って、その中の一つの言葉を取り出して意味を考えるということは、通常私たちは、外国語の勉強などで、辞書を引いて調べるので、可能であると思いがちだが、辞書で理解できるのは、その言葉の意味の、一部にすぎない。この事情を、翻訳理論でよく用いられ

る図で示してみよう。（図1参照）

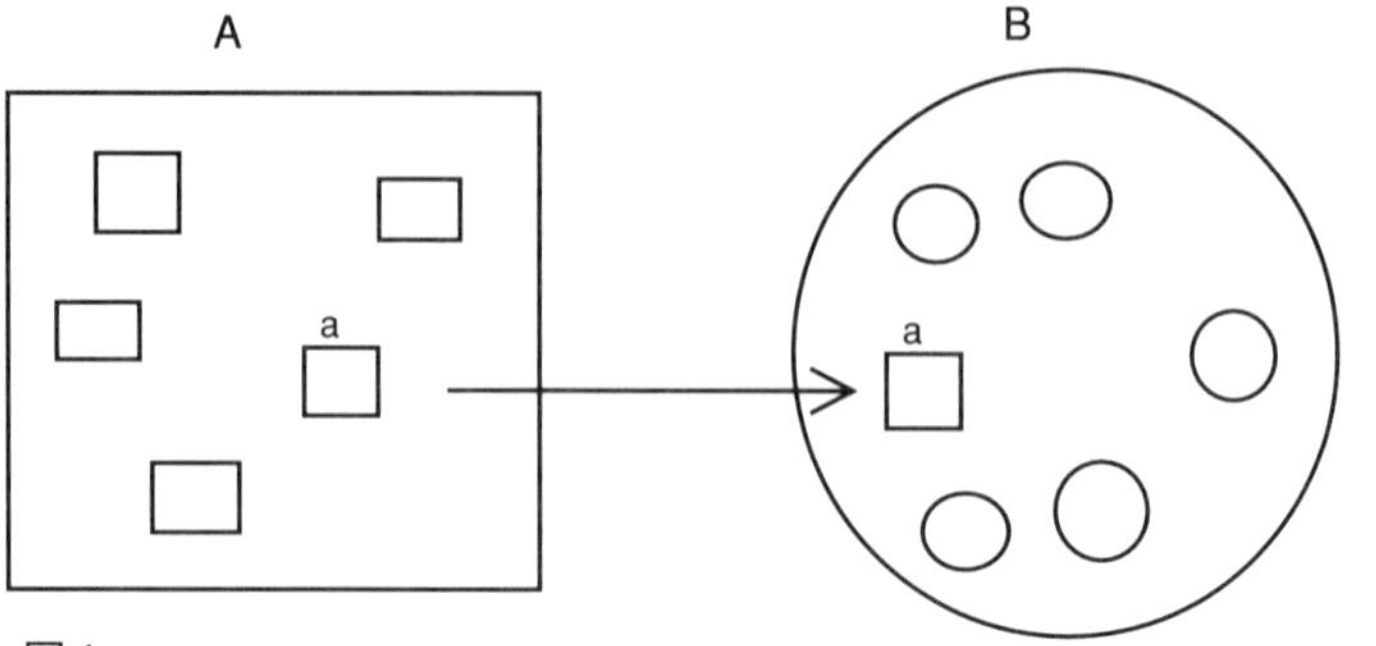

図1

図の四角なAと、丸いBは、それぞれに異なる言語の構造を表している。Aの中の小さな四角は、A言語における個々の言葉を表し、丸いBの中の小さな丸はBにおける個々の言葉を表している。今、Aの中の一つの言葉aが、矢印のように、異なる言語構造のBに移動する。これは、外国語の習得とか、翻訳とか、古代日本における中国文字の到来のような場合である。

図から直感的に理解できるように、Aにおけるaと、Bにおけるaとは、明らかに違っている。一見同じaが、その働きが違っている。ということは、その意味も違う。一つの言葉の働きを支える言語、文化のシステムを文脈 context と言うならば、四角で表現されたAの文脈と、丸で表現されたBの文脈とが違うのである。その文脈とは、言語の構造ばかりでなく、広く文化的な文脈も含んでいる。

以上のことから、異言語から到来してきた言葉は、どのように受け取られるのか、ということが理解されるだろう。

初期の段階では、その外国語は、ほとんど理解されない。しかし、それはそこに在る。好奇心の強い人たちが、それに惹きつけられる。そこにあるのは、何か意味があるはずとは思うが、惹きつけられるのは、その意味を理解することによってではない。とにかく、それは何か優れた存在に違いない、という直感である。そのように惹きつけられるのは、若者や、学者、知識人などである。それは、古代大和朝廷周辺の人々の漢字体験であり、また、近代以後の西洋語の翻訳語体験であり、そして現代では、カタカナ外来語の受け取られ方である。ここで重要なことは、異質な言葉が、その理解に先立って受容されている、ということである。

しばらく時間が経ってくると、そこに居座った外国語の意味も、かなり理解されるようになる。しかし、丸のBにおける四角なaのように、違った形を持ち続けている限り、母語と同じように理解されるのは容易ではない。漢字は、やがて大和言葉の中で、違った機能を与えられ、その形で、日本語の一部として定着することになった。それは、漢字かな混じり文における漢字として、主として名詞や、サ変動詞や、形容動詞の語幹として、文章の中で、もっぱら意味を担う言葉の機能を果たすようになった。

こうして、漢字は、まず外国の未知な言葉として到来し、やがて、次に、日本語の中にしかるべき場を占めるようになる。この二つの段階を、言葉の出会い、および、言葉の二重構造の形成として考えていかなければならない。

具体例を挙げて考えよう。

たとえば、先頃私が考えていたテーマなのだが、「愛」という言葉がある。これは実は翻訳語である。私が翻訳を教えている教室で、I love you. を訳しなさい、と言うと、「私はあなたを愛しています。」というような答えが多くかえってくる。I は「私」、love は「愛」、you は「あなた」というわけで、このような訳語は、辞書にも真っ先に載っているし、その訳語で構成されたこの訳文は、文法で教わった知識にもかなっているだろう。

しかし、love はイコール「愛」ではない。love には「愛」という言葉で捉えようとしても捉えきれない未知、不可解な意味が含まれている。love という言葉は、第一にキリスト教の大事な用語である。その宗教的背景から出た意味は、男女間の love の意味にも流れ込んでいる。それは十二世紀のトゥルバドゥール Troubadours の詩人たちから始まって、西洋の詩や小説の主要なテーマとなって、日常語の love の意味にもつながっている。love はまた広く人間どうしの親しみの感情の表現にも使われている。日本語の「愛」には、以上のような意味は、非常に乏しい。近代以後の翻訳に使われた結果として、多少似たような意味にも使われるが、言葉の意味は百年くらいの歴史では簡単には伝わらない。

ところが、この「愛」という言葉は、love の意味を十分伝えていないにもかかわらず、あたかも love の意味をすっかり含んでいるかの如く振る舞う。そのように辞書の中に定位置を占め、人々にもそのつもりで使われている。ところが実はそうではない、この「愛」という言葉の中には、実はよく分からない、しかも大事な意味が含まれているはずだったんだぞ、ということになっているに過ぎない。このことは、この言葉を扱う人の態度を見れば分かる、と私は言いたい。すなわち、この言葉を口にするのは恥ずかしい、照れくさいのである。言葉が重すぎて、それを扱おうとすると、逆に振り回されてしまう、そんな感じがつきまとう。言葉に敏感な小説家である伊藤整は、「近代日本における『愛』の虚偽」について、こう書いている。

……明治初年以来、「愛」という翻訳言葉を輸入し、それによって男女の間の恋を描き、説明し、証明しようとしたことが、どのような無理、空転、虚偽をもたらしたかは、私が最大限に譲歩しても疑うことができない。

（中村真一郎編『恋愛について』岩波文庫、一九八九年、二二二―三頁）

しかし実は、たいていの翻訳語には、そのような語感がつきまとっている。「語感」とは曖昧な表現のようだが、この気恥ずかしい「語感」こそが、未知、不可解を前提とする「出会い」の体験を物語っている。未知な人との「出会い」が恥ずかしいように、異質な言葉との「出会い」も恥ずかしい。この種の語感は「翻訳調」とも言われる。

翻訳語ではなく、伝統的な大和言葉であっても、翻訳的な構文の中で使われると、やはり同じような翻訳調の語感がつきまとう。どこかもったいぶった、取り澄ました表現になる。この語感は、日本語で育った人なら誰でも直感的に分かるはずだ。たとえば前掲の「私はあなたを愛しています。」という文で、「私」や「あなた」はまぎれもない大和言葉なのだけれど、この文の中ではどうもよそよそしい、もったいぶったひびきになる。それは、ふつう日本文では、人称代名詞はやたらに使わない。これに対して西洋語文では、主語や目的語に必ずと言っていいほど人称代名詞を使う。繰り返して使う。そこで「私はあなたを愛しています。」のような文をみると、どうも日本語の語感とは異質の文体、すなわち文法的な「翻訳調」を感じ取るのである。

もう一つ付け加えると、生粋の日本語では、同じような意味を、もし敢えて「愛」という単語を使って言うとすれば、話し言葉では、「愛してるよ。」とか、「愛してるわ。」のように、「よ」や「わ」などの終助詞を加えて言うのがふつうである。こういう日本語特有の終助詞を使わないことも、「翻訳調」の語感を生み出す原因になっている。

4　無意識化される意味

I

古代大和の人々は、外国語として到来した中国の言葉と出会った。人々は、ここで、未知の意味、未知の文化に出会ったのである。

未知な言葉との「出会い」である、ということは、すなわち未知、不可解な意味との「出会い」である。そして、翻訳は、その未知、不可解を完全に既知、可解にするのではない。そういう場合ももちろんあるけれど、一般にはそうではなく、未知、不可解なままであることの方が多い。とくに日本語での翻訳はそうだ。日本語における翻訳は、むしろ未知、不可解なままに翻訳の中に取り込むようにできている。日本語じたいがそのような構造を持っている、と私は考えている。

その構造は、古代大和の言葉が、中国語の文字を「漢字」として取り入れて以来造られたのである。当時の大和の人々にとって、漢字は高級な文明の言葉だった。当然その意味は十分に理解はできなかったのだが、とにかく自分たちの文化より進んでいると思ったから取り入れた。国の名前は「日本」となり、主権者の名前は「天皇」という漢字になった。以後、漢字は政治、法律、学問など、古代大和における立派な、いかめしい物事を表現する言葉になった。

たとえば、「日本」という言葉をなんと読むか。何人かの人に聞いてみると、「ニホン」と言う人もあり、「ニッポン」という人もある。どちらが正しい読み方か。実はどちらでもよろしい、ということになっている。自分たちの国の名前のような大事な言葉の読みが、このように定まっていない。というのは、「日本」という言葉は、もともと外国語だからだ。大和の島国の伝来の言葉ではなかったからだ。

ここで、「日本」という言葉が、もともと外国語であったということは、言われてみれば、小学生にも分かることだろうが、たいていの日本人は、そのことを、ほとんど意識していない。ここに、漢字の二重構造の特徴があるので、漢字とは、実は、外国語ではない。では、日本語か、と言われると、伝来の大和言葉ではない、と言うしかないだろう。伝来の大和言葉とは、はっきり区別されている。区別された構造になっている。すなわち、漢字は、中国語という外国語と、伝来の大和言葉との中間にできた、もう一つの言語というのが、もっともふさわしいだろうと考える。

漢字の特徴は、これと対比して、おもにひらがなで表記される大和言葉との関係で特徴づけられるので、漢字とひらがなとは、日本語ではおそらくもっとも重要な二重構造を形づくってきた。機能の点でも、ひらがな系の言葉は、主として日常的な分かりやすい表現に用いられ、漢字はおもに先進文化からの翻訳による難しい言葉に使われた。近代にはいると、西洋から到来した文明の用語、政治、経済、科学、などの主な用語は、ほとんどこういう漢字で表現されることになった。

漢字のこういう難しさ、立派さ、もっともらしさについては、私はこれまでにも多くの本や論文に書いてきているので、ここでは、とくに第二次大戦後の日本で多くなったカタカナ表記の外来語について、例を挙げて述べておきたい。

外来語というのは、外から来た語、ということで、おもに近代以後、西洋語の音を表記した言葉を指して言うのだが、この「外から来た語」というのはずいぶん怪しい。たいていの場合、その意味も、音も、文法的機能も、もとの外国語とは違っている。むしろ日本語における漢字の言葉と似ている。私は、このカタカナの外来語と言われる言葉は、日本語の中では、漢字と同じ役割を果たしている、と考えている。

日本語における漢字の主な役割は、名詞や、動詞、形容詞の語幹として使われることである。これは、「かな」が主として文法的な機能の表現として、語形変化や、助詞、助動詞などに使われるのに対し、役割を分担している。そして、漢字が名詞や動詞、形容詞の語幹として使われる場合、たとえば「分担する」とか「立派な」などである。とくに翻訳語の場合は、漢字二字で一語をつくっていることが多い。たとえば、ここで、「漢字」、「翻訳」、「表現」などがそうである。この造語法は、漢字の本家の中国語では、一語は一字が原則であるのと対照的に異なっている。日本語で一語を漢字一字で表現すると、音の上では、中国語の四声が表現できないので、同音異義語が多くなる。また中国語の意味と重なって、日本語での固有の意味や、日本語に到来してきた新しい意味を表現できなくなる。それで結局、一語二字の造語法が原則になったのである。既に奈良時代には、地名を二字の好字で表せという命令が出されていた。以後、日本では、地名や人名などでも二字が原則になっている。

ところで、漢字二字の音は、音読みでは、三拍または四拍になることが多い。たとえば、「カンジ」、「ブンタン」、「ヒョウゲン」のようにである。これは耳で日本語を聞く場合にも効果があって、名詞とか、動詞、形容詞のような文の意味の中心となる言葉を、「かな」に対して際だたせ、理解しやすくしている。

そこで、カタカナの外来語の役割であるが、以上のような漢字の役割とよく似通っている、と気付く。日本語の中で、カタカナ外来語は、ほとんど名詞、または動詞、形容詞の語幹である。たとえば、システム、プレイする、ソフトな、などである。そして発音したとき、西洋語をカタカナ表現に変えると、拍数が長くなるので、短縮形で言う場合が多い。その短縮形が、ほとんど三拍または四拍になる。たとえば「テレビ」、「パソコン」、「スタメン」などである。

II

こうしてカタカナ外来語は、その形式的な機能が日本語における漢字の機能と著しく似通っている、と気付くのである。

では、その意味内容についてはどうか。この面でも、やはり日本語における漢字の機能と非常に共通していると考えられる。とくに本書で私が主張してきたような、形が先行し、その意味内容の理解がそれに伴っていない、というところは、漢字の場合と全く共通している。

たとえば、アイドルという言葉がある。たいていの日本人は中学か高校で、そのもとの idol という英語を習っているはずだから、アイドルはすなわち idol と思っているのだろう。しかしそのもとの意味は、辞書で見ればまず、偶像という意味が載っている。ところが、日本語アイドルは、idol のもとの意味のほんの一部を取り入れて、可愛いタレントというような意味で使われている。

私はかつて往年のロック歌手、プレスリーについての英文の伝記を読んでいて、「プレスリーはこの時以来、アメリカの若者の idol になった」、と書かれている文を読んだことがある。それはどういう時であったかと言うと、プレスリーはある時以後、急に有名になって、はるか彼方にまつりあげられて歌っていた。無数の若者たちにとって、もはや遠くの方から一方的にあこがれる人物になっていた、ということだった。このように使われる idol の意味は、それは英語の idol のもとの意味では当然なのだけれど、日本で、ある歌手がアイドルである、と言われる場合とはまったく違っている。

よく考えると、これはちょっと不思議なことで、多くの人々は、アイドルはidolを原語とする外来語と知っていて、しかもそのもとの意味とはずいぶん違った意味で使っている。もとのidolの意味の大部分を落としている。それは、もとの偶像という意味は、宗教的な意味も含んでいて、日本語の日常語ではかなり難しい意味だから、未知、不可解の向こう側に預けたままにされている、ということもあるだろう。idolのもとの意味は、中学生でも英語の勉強などで知っているはずなのに、日本語アイドルを使うときには、そのもとの意味は、言葉の使用者には無意識化されているのだ。

このことをもっとよく説明するために、以上のような言語現象を、理論的に説明しておこう。一つの言語は、全体として閉じた構造をつくっている。ここで「閉じている」というのは、構造主義の用語で、簡単に言えば、その構造の中で問いかけられた問題に対して、その構造の内部に答えが見いだせる、ということである。そうすると、翻訳語の意味はどういうことになるか。翻訳語は、もともと構造の外部からやってきた素性の言葉であるから、その意味は当然、こちらの構造の内部には納まりきれない。

こうして、翻訳語は、その存在そのものが言語の構造にとって矛盾である。その結果、どういうことになるか。言語構造が閉じているということは、その言語を使用する人々にとって、直感的に容認された大前提である。それはおそらく、言語機能に対応する人間の脳の機能から制約されてくる大前提なのだろう。ところがその構造の中に、未知、不可解な意味、つまり外部に開いた意味の言葉が存在している。言語使用者の意識は、その外部に開いた意味の言葉の存在を認めない、と言うか、認めまいとする。そこで、結果として、閉じた構造内部に納まりきらない意味は、言語使用者にとって無意識化される。ないはずの意味になる。実は、見方を変えてよく考えればあるのだけれど、ない、という「はず」になる。

こうして、未知、不可解な言葉との「出会い」の結果、その意味は、表現のおもてからは消され、無意識化される。構造の表面からは隠されるのである。

5 仏像のお顔

言葉の「秘」と同じように、「秘」の文化もつくられる。つくられる、と言っても、必ずしも誰か製作の責任者がいるわけではない。漢字や外来語の「秘」の意味と同じように、言葉の構造、文化の構造がそれをつくり出している、と言うしかない。やはり、その本《もと》は、先進異文化との「出会い」からである。

外来文化との「出会い」から、日本の翻訳語に固有の「秘」のかたち、「秘」の思想が育った、と考えられるのだが、その現象は、もとより「秘」であるから、一見隠されているが、その気にさえなれば、私たちの周囲の至る所に見つけられるだろう。

そのような一例として、私が近頃調べた仏像の顔についての「秘」のことを述べておこう。

日本の仏像は、飛鳥時代の頃のは、朝鮮からの渡来品や、渡来人が制作したものが多いが、やがて日本人が制作するようになる。ところがその仏像の顔は、現代に至るまでほぼ一貫して、日本人の顔とは異なる特徴がある。とくに鼻の形と髪の毛の形である。鼻は鼻筋が通っていて高い。日本人や、中国人、朝鮮人など、モンゴロイド系の人の鼻は、両眼の間が凹んでいるのだが、仏像の鼻は額からまっすぐ通っている。また髪の毛は、小さく丸く固まったような巻き毛の螺髪《らほつ》と言われる形である。奈良の大仏さんもそうだ。日本的仏像の典型と言われる平等院の阿弥陀如来像も例外ではない。道ばたのお地蔵さんの顔もやはり仏様なので、その鼻筋はまっすぐ通って、日本人離れしている。髪型には螺髪以外の別の型もあるが、とくにこの鼻の形は一貫して日本の仏像に受け継がれてきている。

仏像は、仏陀の没後五百年くらい後に造られるようになった。仏陀には自分の姿を人々に拝ませるという考えはなかった。紀元元年頃、インド文化とヘレニズム文化とが、ガンダーラのあたりで出会って以後造られた。鼻筋の通った顔かたちは、古代ギリシャ彫刻の影響である。ガンダーラの遺跡から出た古い仏像には、ギリシャ彫刻のハンサムな顔立ちそっくりな仏陀もよくある。

他方、髪の形は、古代インド伝来である。三世紀の頃、インド中部のマトゥラーでも、ガンダーラとは独立して、インド神像の伝統から仏像も造られるようになった。そしてこの地方の髪型の影響で、螺髪のような巻き毛の形になった。それらが、やがて中国、朝鮮を経て日本にまで伝わってきたわけである。その間、仏像の鼻の形と髪の形とはほぼ忠実に継承されてきた。中国や朝鮮では、土着の顔の鼻や髪の仏像も造られているが、とくに日本では忠実に古代ギリシャと古代インドとの「出会い」

以来の形を継承し続けてきた。

ところで、このことは、仏像を拝む人々にはほとんど意識されていないようである。仏像の顔が、日本人一般の顔立ちとどこか違っているということは、一見して直感的に分かる。しかし、どこがどうとか、ましてその起源は、というようには考えない。どこか違っているということは、だから「ありがたい」お顔、という感情を引き立てる根拠になる。

それは、中国語を漢字として受け入れて以来の、いわば日本民族の系統発生的感覚に根ざしている。異国の言葉の形をほとんどそのまま受け入れて、かなと混在させ、しかも決して混同することなく漢字かな混じり文として受け継いで来た、その感覚である。

6 「隠された表現」

未知、不可解を閉じこめる言葉の構造は、やがて日本語でものを考える私たちの思考の構造となり、さらに日本の文化の構造を形づくるようになった。おそらく私たち特有の文化の構造が、ここからつくられた。すなわち「秘」の構造である。

大事な意味は、表現された形の向こう側に隠されている。隠されたその意味を、人々は明瞭に知ることはできなかったとしても、何となく予感はできる。こうしてまず、「予感される秘」が現れる。

それは、今まで説いてきたところでは、私の立場から見た銅鐸、銅矛、鉄剣、舶来したばかりの仏教などである。

ついで、その経験から、逆に、まず隠す。大事な意味が隠された表現を最初に置く。「隠された表現」とは矛盾であるが、それが世阿弥の指摘した「秘」である。そして、私の立場から見た銅鐸の扱い方である。ということは、この「隠された表現」の向こう側を予感する観客、つまり多数の人々がいる、ということである。

こうして、大事な意味は隠されている、「予感される秘」ということから、やがて、「隠された表現」がつくられるようになる。この「隠された表現」に対するとき、人は、その向こう側には大事な意味があるに違いない、という予感を抱く。ここに「秘」の思想、「秘」の極意が成り立つ。

たとえば秘仏とか秘宝という「秘」がある。法隆寺夢殿の救世《ぐぜ》観音は、明治年間、アメリカ人フェノロサが明治政府の国宝調査官として扉を開けるまで、おそらく千年近くもの間、秘仏として人目にふれることがなかった。救世観音に限らず、扉を固く閉ざして滅多に人目にふれさせない秘仏は、日本の至る所のお寺にもある。

ところで、完全に隠されているものは「秘」にはならない。フェノロサが扉を開けようとしたとき、フェノロサを案内していた寺の小僧さんは、恐ろしくなって現場から逃げた、という。法隆寺の僧侶たちは、少なくともあの扉の向こうには、何か大事なものがある、ということは知っていた。「秘」は、少なくとも、隠されているということは知られている、あるいは、感覚されている。

天皇家でもっとも大事な宝物も「秘」である。すなわち三種の神器であるが、天皇の即位式などに皇居で公開されるのだが、三つとも常に箱に入ったままなのだ。誰もその中身を見てはいけないことになっている。果たして何が入っているのかも、実はよく分からない「秘」なのだ。もっとも、歴代の天皇のうちには、こっそり蓋を開けて見た者もいると言われるが、すぐ閉めてしまったので、やはりよく分かっていない。

第三章　オモテ・ウラの文化

1　「秘」の根拠、オモテ・ウラ

漢字は、日本文化における「秘」の思想の根拠である、と述べてきた。こういう漢字の働きは、漢字単独の結果ではないので、漢字が、「かな」と対比された存在であるという、漢字と「かな」とのシステムからもたらされている。漢字は、物事の表面に目立って在って、仮名はその、いわば裏側で、一見目立たないが、根強く生きている。両者のこの関係は、伝統的な用語で、オモテ・ウラという表現にふさわしいだろう。

秘は、この表現で言えば、ウラが予感されるオモテであろう。オモテ・ウラの構造を、オモテの側からの視点で捉えた結果である。漢字には、どこか意味不明なところがある。そして、その意味不明なところが、かえって漢字の魅力となっており、また漢字を荘重な表現にさせていて好まれている。

能の舞台に現れた若女のオモテは、美しいが、どこか不気味である。観客にとって、そのウラが予感されるからだ。果たして、一転、若女は般若《はんにゃ》の形相となって、そのウラの正体を現す。

そこで、以下、オモテ・ウラの文化構造を、掘り下げて考えてみたい。それは、シンメトリー構造と比較してよく分かることが多い。その根拠から、改めて、秘の思想を位置づけ、またそれを発展させて考えていきたい。

2 シンメトリーvsオモテ・ウラ

およそ人の手でつくったものには、左右対称のシンメトリーの形が多い。古代ギリシャ以来、今日に至る建築がそうである。とくに西洋建築の形がそうで、これは、西洋文明とともに世界中に輸出された。庭園もそうだ。日本式庭園などと比較すると、これはとりわけ、ヴェルサイユ宮殿の庭園などは西洋庭園の特徴であることが分かる。

このようなシンメトリーのお手本は、どこからきたのだろうか。自然であろうか。和辻哲郎によると、西ヨーロッパでは風が弱く、日本と違って松でもシンメトリーの形をしていて、こういう自然が、西洋の合理主義を育てたのだろうと言う（『風土　人間学的考察』岩波文庫、一九七九年、七六―七頁）。一応もっともだが、樹木の形は、大自然の一部にすぎない。それ以上に明らかなシンメトリーのお手本がある。それは、人の体である。とくに古代ギリシャでは、裸の人体を大切にした。裸の人間を美しいとする考えは、今日では、日本など世界各地で、たとえば人体デッサンのお手本とされたり、当たり前のように考えられているが、そのもとは、西洋船来文化である。古代ギリシャ以来、ルネッサンスを経て西洋の絵画、彫刻に受け継がれてきたのだが、こういう考えは、中国や日本にはもともとなかった。浮世絵のように、女性の性的魅力を描いていても、体の形そのものを美しいとして表現しているのではない。唐美人の人形や絵画では、体の形の線は無視されている。古代インドではヒンドゥー教の神々の裸の彫刻が多くつくられているが、それらは人体の裸の形の美しさをうったえているのではなく、性的な魅力を表現していたのである。

古代オリンピックでは、素っ裸で競技した。人は万物の尺度というピタゴラス以来のギリシャ人の考え方には、生まれたままの人の体を、そのまま大事だとする態度があった、と思われる。シンメトリーの形、シンメトリーの思想の源は、人体の形にあった。とりわけ、古代ギリシャ以来の西洋文化にあったと思ってよいだろう。

ところで、人体がシンメトリーであるのは、正面から見た場合である。横から見た場合はそうではない。古来、人の形を描くのに、古代エジプトの壁画のように、正面よりは真横から見た例も、もう一つの重要なお手本となるだろう。ここで、日本文化の形、オモテ・ウラを考えたいと思う。

人体を真横から見たとき、顔のある方がオモテで、その反対側がウラである。あるいは、人体を正面から見たときがオモテで、その見る人が、見られる対象の人体を中心軸として、一八〇度回転移動して眺めたときが、ウラである。

人体を、シンメトリーではなく、オモテ・ウラの視点で捉えるのは、人を、孤立した存在としてではなく、人と人との出会いの場で理解しようとする視点であろう。人と人とは、まずオモテから出会い、後になって、そのウラを見るようになるからである。広く考えて言えば、シンメトリーの視点が、人を孤立した存在として捉える文化、西洋個人主義の文化と関係していると考えられるのに対して、オモテ・ウラの視点は、とりわけ人を、人と人との間の出会いで理解しようとする。和辻哲郎は、「人間」という言葉の「間」の意味に注目しているが、日本文化特有の「人間」観の所産とも言えるであろう。

オモテ・ウラは日本文化の基本的な形として、これまでにもよく語られてきたが、私は以上述べたように、シンメトリーと対比しながら、そしてまた、人体を一つのよりどころとして考えていきたいと思う。

日本語のオモテ・ウラは、英語に翻訳すれば、front と back が適切であろう。ところが、オモテ・ウラには、front／back にはないもう一つの意味があって、それは後に述べるが、ものの全表面とその内側という意味である。この意味のオモテ・ウラに対しては、outside と inside とがよいだろうと思う。日本語では、この二つの場合はどちらもオモテ・ウラの一対で言い表している。そこで、これらの言葉の意味を辞書で調べてみよう。

オモテは『古語大辞典』（中田祝夫他編、小学館、一九八三年）によると、もとは人の顔のことで、『万葉集』にその用例が現れている。一方、front は、OED（*Oxford English Dictionary*, Clarendon Press, Oxford, 1989）によると、forehead, face の意味のラテン語からきていて、十三世紀頃からの用例がある。その点、オモテとfrontはよく似ている。他方、ウラもbackも、どちらも体のうしろ側の意味がもとにある。

ところが、日本語のウラは、『万葉集』でも、人の体ばかりでなく、精神的な意味でもよく使われていた。『古語大辞典』によると、ウラは、人の体の内側を指す意味がもとにあって、そこから心、思いという意味を持つようになった。「うらやむ」とは、「ウラ病む」で、心が病むことであるという。また、「うら悲し」や「うら淋し」のように、接頭語的に用いられることが多かった。こういう事情から、ウラは、日本文化に特有の意味を育てていった。それにつれて、こういうウラに対するオモテも、精神的な世界をそのウラに秘めたオモテ、という意味を持ってくる。ここから、日本文化に固有のオモテ・ウラの意味が育っていった、と考えられる。

3　シンメトリー原理

人間を、出会いの場で、ダイナミックに考えるとき、他者の理解は、シンメトリー的な、客観的な理解よりも、オモテ・ウラ的な理解の方が現実的であろうと思う。すなわち、他者のオモテはすぐに理解できるが、そのウラはなかなか理解できない。これは、主体的な立場からの理解であって、人を、人と人との間で捉える見方である。これに対して、シンメトリー的な人間観では、人を個人として、完全に孤立し、完結した人をまず考え、次にその人と人との間の関係を考えるのである。

いま、一人称のオモテをO_1、ウラをU_1、また二人称のオモテをO_2、そのウラをU_2とすると、

$O_1 \neq U_1$　$O_2 \neq U_2$　$O_1 \fallingdotseq O_2$　$U_1 \neq U_2$

というような関係が成り立つと考えられるだろう。つまり、一人称と二人称とで、互いのオモテどうしはだいたい同じ、つまり理解可能だが、互いのウラどうしは同じでない、理解可能でない、ということである。人と人とは、最初の出会いで、互いの目に見える範囲でだいたい同じ存在と理解して、そこから人間関係をつくり出す。その段階では、互いのウラ側まで、すべては理解できていない、そう前提するのが現実的であろう。

思想、制度、儀式などの文化についても、同じような構造が考えられる。異文化の理解は、オモテから始まり、オモテを拠り所として進んで行くが、互いのウラは、人どうしの場合以上になかなか理解できないはずである。

では、人の平等とか、モノの等価などのシンメトリー的原理は、どこから出てくるのだろうか。それは、第三者の視点、直接の当事者でない立場、あるいは、直接の出会いの場を離れて、反省して見返したときの見方であろうと思う。シンメトリー原理では、相対する人と人、組織体と組織体、モノとモノどうしでは、$O_1 = O_2$、$U_1 = U_2$であると考え、そう前提する。それは、直接経験するところと、通常は合ってはいないが、そのような観念、理想の目を通して見るわけである。

現実の出会いの場では、決して平等、対等ではない。しかし、こういう平等、対等であるという観念、理想が、やがて現実の方を変えていく。自然に存在するあらゆるモノは、どれをとっても、決し

て等しくはないが、数学的等式にもとづく工業生産は、やがて等しいモノを現実に、大量につくり出していく。こうして、人と人、モノとモノは、出会いが始まって、その当事者の立場では、オモテ・ウラの関係であることに変わりはないが、時間の経過とともに、人間世界にはシンメトリー原理が次第に浸透していくであろうと考えられる。同時にまた、シンメトリーの優勢な文化は、次第に強くなるとしても、オモテ・ウラの文化を完全に駆逐してしまうことはないであろう。

貨幣経済の発達は、モノとモノとの等価という考えを発達させて、たちまち世界中に広まっていった。しかし、これも、一つの文化のつくった形式なのである。たとえば、今日でも、インドネシアの田舎で、見事な焼物の茶碗を見つけて、これを売ってくれないかと言うと、いくらお金を出しても決して譲ってくれないということがある。コーヒーの産地で、現地の人が、庭で石臼で挽いているコーヒーも、決して譲ってくれなかった。交換不可能なモノがある、という文化は今日でも確かに存在している。もちろん貨幣経済は浸透しているが、それは決して万能ではない。

また、シンメトリー原理にもとづく建築や庭園は、西洋文明とともに世界中に広められていった。しかし他方、非シンメトリーにもとづく建築や庭園は、日本でも、やや押され気味ではあっても、依然として受け継がれている。

人と人との平等という考えも、シンメトリー文化固有の成果である。この考えは、やがて人権宣言などに謳われて、平等思想として世界各地の憲法の条文に取り入れられていった。今日私たちは、平等を正義と考えるのが常識と思っているが、つい百年ちょっと以前までは、差別された不平等の人間関係の方が正義であった、ということを忘れがちである。儒教道徳は、人間関係における不平等の正義を教えてきたのである。そしてまた、現代においても、異民族差別は至るところで問題を引き起こしているし、カースト制などの身分差別も、根強く多数の人々を支配している。私たちの間でも、「身のほどを知る」とか、「寄らば大樹の陰」というような反平等の考えは、根強く残っている。憲法で説かれているような、シンメトリーの平等思想は、それはそれで強い力を持っているが、それは、いわば、私たちの生活、文化におけるオモテに場を占めていて、それとは別にウラの生活、文化が併存している。シンメトリーの舶来文化は、オモテ・ウラ構造のオモテに場を占めている。西洋文化の圏外で、平等主義の憲法を受け入れたアジアなどの国々でも、似たような事情を窺うことができる。

4　普遍的構造としてのオモテ・ウラ

生物学者、本多久夫によると、およそ生物の体は、一枚の閉じたシートでできている、と言う。そのシートの表面と裏側は、オモテとウラ（生物学用語で、vertal／dorsal と言う）の関係になっていて、この両者ははっきり区別されている、と言う。生体の内部の独立した臓器や、個々の細胞も、同じようなオモテとウラの構造を持っている。そして、生物が成長するときなど、オモテは他のオモテと、ウラは他のウラと、接触、融合、変化するが、オモテとウラとが接触などすることはない。生物のうちでも、植物には多少の例外があるが、動物については、このオモテ・ウラ構造はよく当てはまる、と言う。また生物の体には、とくにその表面で、オモテ・ウラ構造と対立するシンメトリー構造ができることがある。動物の顔や、植物の葉の表面などがそうである。また、オモテ・ウラ構造ができかかって、うまくいかなかったとき、シンメトリー構造ができることがある、と言う（本多久夫『シートからの身体づくり』中央公論社、一九九一年）。

ここで、文化構造への比喩としてであるが、オモテはオモテどうし、ウラはウラどうしで接触、融合、変化するというのは、文化の問題でも、かなりあてはまりそうである。たとえば、人と人、会社などの組織と組織との付き合いでも、オモテの付き合いがあって、それとは別にウラの付き合いがある。それぞれ並行しておこなわれるだろうが、お互いに正面からは交わらない。たとえば、他人の家をオモテから訪ねた人は、たまたまその家のウラの様子を見てしまったとしても、見なかった振りをするだろう。そして、オモテ的挨拶を交わして辞去する。戦場の兵隊は、敵方の兵隊のオモテ側だけを見て対応し、その相手のウラ側、たとえば故郷には妻がいて、子供がいて、というようなことは考えてはならない。相手のウラのことまで考えていては、戦争という仕事は成り立たない。平和時の国際関係でも、公式訪問のようなオモテどうしの付き合いがあり、またそれとは別に、内情視察のような、ウラからの接触がある。

こうして考えると、生物学におけるオモテ・ウラの構造の説は、人間の社会、文化にとっても、かなり普遍的な理論として扱うことができそうである。

オモテ・ウラは、日本文化の構造に係わる理論として、これまでにも語られてきたし、また、同じような一対のタームとして、タテマエ・ホンネ、ソト・ウチ、ハレ・ケなどがある。

文化の基本構造についてのこのような考え方は、実は日本文化についてに限らない。古代中国の『易経』で説かれている陰・陽も、これと多分に共通している。また文化人類学者たちが双分制dual organizationと呼ぶ、社会における象徴的二分法として、同じような構造が、いろいろな文化についてよく指摘されている。たとえば、ネイティブ・アメリカンのナバホ族で、Saа̂h Naaghа́i と Bikéh Hózhóという一対の基本タームがあって、前者は外向きで、天空や思想などの男性的原理、そして後者は内向きで、大地や話し言葉などの女性的原理を表している。この一対の原理は、ナバホ族の生活、文化の全般にわたって生きている、と指摘されている。これも、私がここで言うオモテ・ウラの原理とよく似ている。(G. Witherspoon, "Dynamic Symmetry and Holistic Asymmetry in Navaj Cosmology", in *Symmetry : Culture and Science*, vol.6 no.3, ISIS SYMMETRY 1995 p. 544)

オモテ・ウラ原理は、以上のように、シンメトリー原理と対比されるような、文化の普遍的な原理と考えられる。そこで、この二つの原理を対比させて、抽象的な構造として、ここで述べておこう。

まずシンメトリーの方は、対称軸を中心として、任意のAについて、これと対応する点A'があって、Aから対称軸までの距離aと、A'から対称軸までの距離a'とが等しい、すなわち、a=a'となる。

これに対して、オモテ・ウラでは、対称軸を中心として、任意の一点Aについて、これと対応する他の一点A'がやはりあるが、Aから対称軸までの距離aと、A'から対称軸までの距離a'とは、一般には等しくはない。すなわち、a≠a'となる。

以上は抽象的、数学的に述べたのだが、これを文化的な事象について言うと、シンメトリーもオモテ・ウラも、ある事象について、これと対応するもう一つの事象が必ずある一対一対応であるということ。そして、もとの事象とその対応事象との間では、シンメトリーでは等しいとされるが、オモテ・ウラでは、等しくない。一定の原則に従って違っている、ということである。

このような抽象的、理念的なモデルをもとに、改めて西洋文化について考えてみると、西洋文化にも、オモテ・ウラと似たような原理はある。西洋哲学には、伝統的に「現象」と「本質」という対立関係があった。社会現象については、パブリックとプライベートという対立がある。また、フロイト心理学では、意識と無意識との対立関係が説かれ、これはオモテ・ウラの対立関係とかなり似ている。文化事象としてのオモテ・ウラのウラは、とかく意識されないことが多いからである。

ところで、フロイトなどの精神分析学者にとって、とくに臨床医として、こういう潜在意識は、克服すべき心理だった。つまり、意識、無意識は、対等の対立関係ではなかった。フロイトは、オモテに対するウラの世界を、存在として認めながら、その価値を否定していた。こういう点で、フロイト思想は、やはり西洋文化の産物と言えるだろう。

もっとも、フロイトと並ぶ精神分析学者ユングは、無意識の世界を高く評価していたので、オモテ・ウラの関係と共通したところがある。ユングは東洋思想の影響を受けていたと言われるが、こういうところに確かに似たところがある。しかし、ユングの説く無意識の世界はどうも明瞭でない。少なくとも、意識の一事象に対して、無意識の一事象が一対一対応しているほどには明瞭ではない。

以上のように、オモテ・ウラ原理を、普遍的な原理として考察してきた上で、改めて日本文化固有のオモテ・ウラ原理の特徴を反省してみることができるだろう。その特徴の一つは、オモテ・ウラのウラが、とくに肯定的に評価されている、ということである。これは、とくに、フロイト心理学に対する、「甘え」の心理学に顕著に現れていると思う。

5　ウラ関係としての甘え

人間関係のオモテ・ウラについて考察しよう。日本文化における芸術や宗教などの文化現象のオモテ・ウラについては、世阿弥の「秘」の思想が典型的に物語っているように、いわばウラをつくり出し、送り出す側と、これを受け取る側との関係が成り立っているが、人間関係のオモテ・ウラでは、関係し合う双方から、同じようにウラへかかわってくる場合がある。すなわち、人間たちにおけるウラの共有である。

「甘え」と言われる人間関係の指摘がある。臨床心理学者、土居健郎の、有名な『甘えの構造』(弘文堂、一九七一年)である。二十世紀を代表する心理学者、フロイトの深層心理学が、幼児期における父親の影響を重視したのに対して、土居は、とくに日本人においては、母親の影響が重要であると説いている。フロイト説では、幼児の頃の父親による抑圧によって、いわゆるエディプス・コンプレックスと言われる、父親殺しの潜在意識がつくられ、成人後に至るまでの、人の性格、行動などを支配する。これに対して、日本人では、この心理分析が、必ずしもよく当てはまらないという批判があった。土居の心理分析では、日本人では、父親の抑圧よりも、母親からの愛のきずなの方が強いと言う。すなわち、甘えの関係がある、と言う。この理論は、やがて、欧米の専門家にもかなり広く認められるようになっている。

ところで、私の考えるオモテ・ウラの人間関係の視点では、甘えとは、子供から母親へという一方的な働きだけではない。甘える者、甘えられる者双方に共通のオモテ・ウラのウラの共有という関係がある、と考えるのである。

ウラという「秘」への、双方からの加担である。

たとえば、私はこういう問題を考えてみた。母親から少し離れたところで、幼児がよちよち歩いていて、転んだ。さぁどうするか、というのである。母親はどうするか、と、幼児はどうするか、とがある。

この問題を、私は多くの学生に質問した。母親の場合については、ほとんど例外なく、すぐ駆け寄って抱き起こす、と答えた。ところが、外国人留学生の答えは、それと違って、母親は、幼児が起きあがるのを見守っている、という答えが多かった。かつてアグネス・チャンさんとテレビ対談したとき、アグネスさんにもこの質問を持ち出した。アグネスさんは、香港で生まれ、カナダで学生生活を送り、その後、日本で生活している。私は、彼女の、いわば文化的国籍を知りたくて、聞いてみたのだった。アグネスさんは、即座に、当然のように、起きあがるのを待ちます、と答えた。これと反対に、おそらく、日本のお母さんたちは、ほとんどすべて、抱き起こしに駆け寄るだろう。土居の言う「甘え」の人間関係の出発点である。

ところで、もう一つ、幼児はどうするか、という私の立てた問題がある。幼児は、転んですぐに泣くか、あるいは、自分で起きあがろうとするか。

私はその答えをこう考えた。それは、しかるべき実験や観察に基づいたものではなくて、わずかな見聞と人の話などからの私の推測なのであるが、幼児は、転んだ後、まず、泣くのでも、起きあがろうとするのでもない。まず、母親の方を見るのだ。そして、母親と視線が合ってから、泣き出す。この時、もし母親が脇見などして、自分に気づいていなければ、自ら起きあがろうとするだろう。

そして、これは大事なところだけれど、母親もまた、こういう事情を心得ている、ということだ。もっとはっきり言えば、そう期待している。自分の幼い子が、転んだ後、もしさっさと自力で起きあがろうとしたなら、可愛げない、と思うだろう。自分の方をチラと見てから泣き出す、それで、可愛いと思って駆け寄るのだ。そして、そのように子供を育てていこうとする。子供もまた、まさに幼児の頃から、母親のこういう期待にこたえて甘えを身につける。こうして、甘えは、母と幼児の当事者双方からつくられていく。

すなわち、甘えとは、必要かつ十分に、互いに頼り、頼られる関係ではない。転んだ幼児が泣くのは、絶体絶命に行き詰まって、悲しいから泣くのではない。いわば甘えの演技が、ここに入っている。その演技の部分こそ、当人たちにとって、甘えを甘い人間関係にしている。

ここに、甘えにおける、ウラの関係が潜んでいる。オモテ向きは、転んで起きあがれない、困って泣く、だから助けに行く、という関係であるが、実はその裏にもう一つの関係が潜んでいる。すなわち、転んだ、その機会に甘える、その甘えを可愛いと受け取る、という関係である。

このもう一つの、ウラに潜む関係は、おそらく、幼児と母親双方には、明瞭に意識されていないだろう。しかし、その意識のウラで、双方に共有された関係がある。

こうして、日本人は、幼児の頃から、母親との間に、ウラの甘え関係を育てていく。これは、日本人の性格、人間関係の基本的な形として、子供がやがて母親を離れて大人になっても、続いていくだろう。生徒と教師、平社員と上司の間で、はたまた、友人どうし、恋人どうし、夫婦、などの間でも生き続けていく。

6 甘えの普遍性と特殊性

こういう「甘え」の人間関係は、土居健郎が説くように、日本特有なのだろうか。幼児が母親に甘えるのは、日本特有なのか。

心理学者、山田洋子は、甘えについての国際的な比較実験の結果を報告している。日本とイギリスとアメリカの大学生、それぞれ百数十人に、質問して絵を描いてもらった。質問は、「幼いときの、あなたとあなたのおかあさんの関係をイメージして絵に描いて下さい」というのだった。その結果の絵を、パターンとして分類し、「包む母と入れ子の私」と名付けられた同心円状の形に、まず注目した。これは、まさに「甘え」の形であろう。そして山田洋子は、このパターンが、とくに日本人学生に多いのではないか、という予測もたてていた。

その結果は、むしろ予測に反して、「包む母と入れ子の私」は三つの国それぞれの学生たちで、ほとんど同じ割合で現れていた。また、「離れる母と私」のようなパターンについても、ほぼ同じような割合で現れていた、という。（やまだようこ『私をつつむ母なるもの——イメージ画にみる日本文化の心理』有斐閣、一九八八年）。

おそらく、幼児期における母と子の甘えの関係は、広く人間に普遍的であろう。人間ばかりではない。一般に哺乳類の動物でも、同じような「甘え」が観察されている。それは、動物一般の成長にとって、ある時期までは必要な関係だからだ。

ところが、成長のある段階を過ぎると、甘えは母にとって、そして子にとっても障害になる。哺乳動物は、そのなわばりの中で、食料を探さなければならない。なわばりは限られているから、大きくなった子は邪魔である。それで、子別れの時がやってくる。親は子を、無慈悲に突き放す。子はいつまでも甘えようとする。その心理を、山田の実験結果が示している。しかし、子は結局、親から突き放され、自立していかなければならない。人間の場合では、フロイトのエディプス・コンプレックスの開始の時である。もっともフロイトの説では、食の必要よりも、性の要求を重視する。幼児にとって、母親は最初の恋人であり、父親は最初のライバル、というわけで、それで父親は母親と子との親密な愛の関係を抑圧すると説く。子供は、自分の愛の相手を、家族の外に出て、自分で探してこなければならない。しかし広く考えれば、子が親離れして自立していくのは、食と性の両方の必要にかなっているのだろう。およそ人間を含む哺乳動物一般にとって、成長のある段階における親離れ、子離れは、生物的自然にかなっているのだ。

日本人の母親と子における甘えの関係は、こういう普遍的、必然的な関係から見ると、やや特異である。生物的自然に反して、つくられてきた関係と言うべきではないか。それは、自然ではなく、「文化」であろう。

土居健郎によると、西洋語では、甘えに相当する言葉がない、と繰り返し言っている。言葉がないから、西洋の研究者に注目されてこなかったのだ、と言う。ところが、『甘えの構造』は英語に翻訳されていて、"The Structure of Dependence" となっている。即ち、「甘え」は dependence に対応する。ここに、甘えと dependence との文化の違いがある。土居健郎によると、「甘え」とは、甘い、おいしいに通ずる。いいことだ、という評価の言葉だと言う。これに対して、英語の dependence とは、端的に悪い意味の言葉である。dependence の反対の independence が、独立とか自立とかいう意味で、西洋人のもっとも好む言葉になっていることを考えれば分かる。

およそ、文化の違いとは、事実の違いであるよりも、同じような事実に対する、価値判断の違いであることが多いのではないか。

日本人の母と子における甘えの関係は、必要からは離れて、いいと評価されてつくられてきた人間関係である。単なる頼り、頼られる関係以上の、ある秘密な、ウラの心の働きが、それをつくり出してきたのだ。

母親と幼児の間の「甘え」関係は、日本文化の基本的な人間関係である、と考える。それは、日本的な「甘え」関係の基本である。以上述べたように、演技としての甘え、つくられた甘え、文化としての甘えである。

7 ウラの優位

甘えについて考えてくると、とくにオモテ・ウラ構造で、ウラを優位に置く日本文化の特徴が浮かび上がってくる。オモテも大事、ウラも大事なのだが、結局ウラの方がもっと大事、というわけである。この関係は、タテマエ・ホンネという一対の用語ではもっと明らかではないか。日常の言葉遣いの中で、「ホンネを聞きたい。」とか、「ホンネを語ろう。」と言うときにも現れている。

シンメトリー構造では、対応する二つの要素は等しい、等価である。文化的観点で言えば、同じように大事である。ところが、オモテ・ウラ構造では、対応する二つの要素は等しくない。ただ違いがあるというだけでなく、その価値が違っている。文化の観点で言えば、重要性に違いがある。では、オモテとウラとではどちらが重要か、という問題である。

文化の基本構造である言葉の構造にもどって考えると、日本における漢字はオモテ、「かな」はウラの表現にふつう用いられる。漢字はおもに名詞として、意味の重要部分を担っている。かなは文全体の文法構成の役割である。漢字の担う意味は、ある程度は、かなで置き換えることができる。しかし、かなの文法的機能は、漢字で置き換えることは非常に困難である。こう考えると、かなは漢字よりも重要なようだ。

しかし場合によって分けて考えてみると、漢字は、古代以来、学問用語、政治、法律用語で、かなは平安時代以後、文学用語として発達した。漢字は公的な場で表現され、男手と言われ、かなは私的な場で、歌や手紙や小説などにおもに使われ、女手と言われた。男優位の社会では、公的な場では男手の漢字の方が、仮名より重要視されていた。今日では、学問の専門用語は、漢字の翻訳語である場合が圧倒的に多い。

以上のように考えると、場合によって違っていて、言葉固有の働きでは、オモテの漢字よりも、ウラのかなの方が優位であるが、他方、社会的な、公的な働きでは、オモテの漢字の方が大事なようである。しかしまた、芸能、文学のような、人の内面表現にかかわる分野では、ウラのかなの方が重要である。

しかし、もう少し深く考える必要がある。男手・女手ということからも分かるように、オモテ・ウラ構造は、男性原理、女性原理の対立関係である。そこで、公的な、社会的な場で男性優位と一応考えられるのだが、実情はもう少し複雑であって、男性社会における女性的原理という働きも考えなければならない。とくに日本人の組織における人間関係には、多分に女性的原理が働いているに違いない。前述の「甘え」は、母親と幼児の間だけでなく、そこで育った大人たちの心の底深く染みとおって働いている。たとえば、派閥における親分と子分との関係などは基本的に甘え関係の一種であろう。

オモテ・ウラの構造は、文化の基本構造として、現代日本の文化の中にも生きている。政治学者は、日本の社会現象を分析して、タテマエ・ホンネという用語をよく使う。これはオモテ・ウラと、意味の上でよく似ている。タテマエ・ホンネでは、ホンネは「本音」と書くように、タテマエよりは重要だという語感があり、実際そういう意味でよく使われる。これは、オモテ・ウラのウラには、心という意味があるのと、かなり似ている。しかしまた、タテマエは立派なのに、ホンネは汚い部分というような、マイナスのイメージもある。オモテ・ウラでも、オモテは綺麗にするところで、ウラは日常的で、乱雑なところという語感がある。こういう意味で使われる場合でも、真実はかえって、マイナス・イメージのホンネやウラの方にある、というものの見方が潜んでいるだろう。

そこで、秘の視点から考えると、「秘する花を知ること」で言うように、「花」の極意は「秘」にある。花も大事、秘も大事なのであるが、ふつう一般には、オモテの花ばかりが注目されている。そこへ、そのウラには秘がある、と指摘したところに世阿弥の優れた着眼があったのだった。オモテよりは、ウラが大事、というのが、秘の思想であろう。

このことは、オモテ・ウラを普遍的な文化構造として考えたとき、日本文化の特徴をよく物語っている、と考えられる。たとえば、ダブル・スタンダードという用語があって、日本の政府や業界などが、国際的な場で、二枚舌である、と言って非難されるとき、ウラがあるのが悪い、という意味でよく使われる。とりわけ西洋文化では、オモテ・ウラを文化構造の事実として認めても、とかくマイナス・イメージで語られる傾向があるのに対比して、日本文化では、その反対にプラスに評価する伝統があった、ということに気づかされるのである。

ウラがプラスに評価されるということは、日本の文学の伝統の中に生きている。とくに古典文学では、ウラの「秘」に加担する者が善玉の役割になることが多い。その典型的な例を見てみよう。

8 「秘」の「共犯者」

I

「隠された表現」としての「秘」は、やはり表現である以上、これを受け取る側の者、感じ取る側の者がいる。その受け取り方は、内容を理解することではない。少なくとも、完全に理解することではない。内容が分かってしまえば、もはや「秘」ではない。「秘」を、「秘」として、そのまま受け取るのである。近代以前の法隆寺において、夢殿の「秘」をそっと守っていた僧侶たちがそうだろう。たとえて言えば、「秘」の加担者とか、言葉は悪いけれど「共犯者」、古典の世界では多くの場合善玉の共犯者である。

「予感される秘」は、直接舶来文化からやってくるのだが、その経験からうまれた第二次的な「秘」、

「隠された表現」は、舶来文化とは一応独立した日本文化である。世阿弥はその最初の理論家であり、作者だった。作者としては、「秘」は自分一人のもの、と前提していたのかも知れないが、「秘する花」を『花伝書』として書き残した以上、その「秘」の「加担者」を想定していたわけである。

そのような「秘」の加担者は、日本の至る所にいて、日本文化を支えてきたのだと思う。

日本の古典的な文学、芸能作品では、主人公に対するワキ役として、「秘」の加担者がよく登場する。能の『安宅《あたか》』や、これを受けた歌舞伎の『勧進帳』で見ると、弁慶に対する関守役の富樫《とがし》がそうであろう。

頼朝に追われて北陸道を逃げ延びる義経、弁慶の一行は、加賀、安宅の関に通りかかる。警護の関守、富樫左衛門は、あらかじめ義経一行が山伏姿で通ることを知らされていたので、直ちに見とがめる。弁慶は東大寺の勧進の旅の途中と答えたので、その勧進帳を見せてくれ、とせまる。弁慶はとっさに巻物を取り出し、勧進帳の振りをして、白紙の巻物を読み上げる。読み終わって、富樫はなお念のためと、山伏のいわれ、いでたちなどを問い糺す。弁慶はこれにも立派に答えたので、富樫は一行を山伏と認めて通行させようとする。そこで一行が通行しようとしたとき、部下の番卒が、一行のうちの強力《ごうりき》が義経に似ていて怪しいと言う。すると弁慶は、強力に変装した義経に向かって、お前のせいで迷惑すると言って、金剛杖で殴る。これを見ていた富樫は、事情がのみこめた。主君を守るために、その主君を金剛杖で殴るまでの弁慶の心情に感動する。

その脚本のサワリの一部を見てみよう。

（ト弁慶先に、四人付き花道へかかる。義経、後より行きにかかる。この時、軍兵乙、富樫に囁く事よろしく、富樫思い入れあって）

富樫　いかに、これなる強力、止まり候え。

（トこれにて、皆々きっとこなし）

弁慶　こな強力め、なんとて通り居らぬぞ。

富樫　あれは、こなたより留め申す。

弁慶　それは何ゆえ御留め候ぞ。

富樫　……　……　……

弁慶　あの強力が、ちと人に似たると申す者の候程に、さてこそ只今留めたり。

富樫　なんと、人が人に似たりとは、珍しからぬ仰せにこそ。さて、誰に似て候ぞ。

弁慶　判官殿に似たると申す者の候うゆえ、落居《らっきょ》の間《あいだ》留め申す。

富樫　言語道断。判官殿に似たる強力め、一期の思い出な。エ、腹立ちや。……　……　ム、、思えば憎しや、憎し〳〵。イデもの見せん。（ト思い入れ唄〽金剛杖をおっ取って、さん〳〵に打擲《ちょうちゃく》す。

弁慶　……　……　……

富樫　まだこの上にも御疑いの候わば、この強力め、荷物の布施袋もろともにお預け申す。いかようとも糾明なされい。ただしこれにて打ち殺し申さんや。

富樫　こは先達《せんだち》のあらけなし。
弁慶　しからば、只今疑いありしはいかに。
富樫　士卒の者が我への訴え。
弁慶　御疑念晴らし、打ち殺して見せ申さんや。
富樫　早まり給うな。番卒どものよしなき僻目《ひがめ》より、判官殿にもなき人を、疑えばこそ、かく折《せっ》檻《かん》もし給うなれ。今は疑い晴れ候。疾く誘《いざな》い通られよ。

………　………　………

（服部幸雄編著『勧進帳　毛抜　暫　鳴神　矢の根』白水社、一九八五年、三一―四頁）

この引用文で、後半の富樫の「こは先達のあらけなし。」という発言、つまり、一行の先導役を務めるほどの者としては、それは荒っぽい振る舞いではないですか、という意味の発言をしたとき、富樫は、事情を察して、義経一行と知った上で、知らない振りをする決意をしたことが表明されている。詳しいことは訊ねずに、一切を自分一人の胸のうちに呑み込む。ここで、富樫は、義経、弁慶一行の「秘」の加担者になる。「秘」の共犯者である。

義経一行の「秘」は、追討を逃れるための必然的な隠し事であって、これまで述べてきたような、「秘」の表現の意図ではない。しかし、これに加担する富樫は、それを「秘」と読みとった上で、それを丸ごと飲み込む、という行為によって、その「秘」は富樫に対しては表現されたものとなる。富樫は、自らの決意によって、「秘」を表現している。いわば、一方的な「秘」の加担者である。

II

同じような構造の「秘」の加担者の例を、浄瑠璃や、歌舞伎の『一谷嫩軍記《いちのたにふたばぐんき》』の「熊谷陣屋」でみてみよう。

源平合戦で、熊谷次郎直実《なおざね》は、平家の残党を追って、平敦盛に挑み、組み敷いて少年と知り、助けようとするが、殺せと言われ、さらに味方の平山から、敦盛を助けるのは二心《ふたごころ》と叫ばれて、やむなくその首を打つ。ところが熊谷は、出陣のとき義経から、「一枝を伐《き》らば、一指を剪《き》るべし」と書いた制札を見せられていた。その意味は、法皇の落胤である敦盛を助けよ、もし殺せば自分の子を殺せ、ということであると、熊谷は理解していた。

すでに敦盛を討って苦しんでいた熊谷は、遂に我が子小次郎の首を打つ。そして出家の覚悟を決める。義経の前での首実検の場で、熊谷は、敦盛の首と称して、実は小次郎の首を差し出す。首実検の場には、敦盛の母、藤の方と、熊谷の妻で小次郎の母、相模の方も参加している。義経の平家の若武者への温情は、頼朝の送った監視役、梶原景高の前で見せるわけにはいかない。事情を察した義経は、小次郎の首と知って、その父親の苦衷を察しつつ、よくぞ敦盛を討った、と褒める。ここでは、義経が「秘」の加担者になっている。母親の相模の方、藤の方も、うろたえ嘆きつつ、その加担者に加わる。

そのサワリの一部を引用する。

義経　ヤア直実、首実検延引《えんいん》といゝ、軍中にて暇《いとま》を願う汝が心底、いぶかしゝと、ひそかに来たりて最前より、始終の様子は奥にて聞く。急ぎ敦盛の首、実検せん。

〽仰せを聞くより熊谷は、はっと答えて走り寄り、若木の桜に建て置きし、制札引きとり、恐れげもなく、義経の御前にさし置き、

（トこれにて熊谷下手《しもて》の建札《だてふだ》を抜いて）

熊谷　さいつ頃、堀川の御所にて、六弥太には忠度《ただのり》の陣へ向えと花に短冊《たんじゃく》、熊谷には敦盛の首取れよと、弁慶執筆《しゅひつ》のこの制札。すなわち札の面のごとく、御諚《ごじょう》にまかせ首討ったり。いざ御実検下さるべし。

〽蓋《ふた》押しあくれば、

藤の方・相模　ヤ、その首は。

〽立ち寄る女房真《しん》の当て、局《つぼね》をしかと押しとどめ、

熊谷　イヤ、実検に供えしのちは、お目にかけるこの首級《しゅきょう》、お騒ぎあるな

（トこなし）。

〽と熊谷が、諫《いさ》めにさすがはしたのう、寄るも寄られぬ悲しさの、千々に砕くる物思い。

（ト制札にて相模を下へやり、藤の方を留め、きっと見得）

〽次郎直実、謹《つつし》んで、

……　……　……

……一枝《いつし》を伐らば一指《いつし》を剪《き》るべし（ト思い入れ）。花に準《よそ》えし制札の面《おもて》、心を察して討ったるこの首、御賢慮にかないしか、たゞし直実誤《あやま》りしか、御批判いかに。

〽と言上す。義経欣然《きんぜん》と実検ましまし、

（ト義経、陣扇をかざし、首を見ることあって）

義経　ホ、オ、花を惜しむ義経が心を察し、よくも討ったり。敦盛に紛《まぎ》れなきこの首級、由縁《ゆかり》の人もありつらん。見せて名残《なご》りを惜しませよ。

〽仰せを聞くより、

熊谷　こりゃ女房、敦盛卿の御首、藤の方へお目にかけよ。

相模　あい（ト思い入れ）。

〽あいとばかりに女房は、あえなき首を手に取りあげ、見るも涙にふさがりて、変わる我が子の死顔に、胸はせきあげ身もふるわれ、持ったる首のゆらぐのを、うなずくように思われて、

門出《かどで》のときにふり返り、にっこと笑うた面《おも》ざしが（トこなし）

〽あると思えば可愛さ不敏《ふびん》さ、声さえ喉《のど》に詰まらせて、

申し藤の方様、お嘆きあった敦盛様のこの首。

藤の方　ヤア、これは。
相模　さいなア、これをよう御覧遊ばして、お恨みをはらし、よい首じゃと褒《ほ》めておやりなされませ。この首はな、まだ私がお館《やかた》にて、熊谷殿と忍びあい、懐胎《みもち》ながら東《あずま》へ下《くだ》り、産み落としたはな、この敦盛様、その節あなたも御懐胎《ごかいたい》、誕生ありしそのお子が、無官の大夫敦盛様。両方ながらお腹《なか》に持ち（トこなし）、

……　……　……

（小池章太郎編著『一谷嫩軍記　近江源氏先陣館　絵本太閤記　梶原平三誉石切』白水社、一九八五年、六九―七二頁）

ここで、義経の「秘」への加担は、「ホ、オ、花を惜しむ義経が心を察し、よくも討ったり。敦盛に紛れなきこの首級、」という発言で表明されている。
実はこれは小次郎の首なので、その母、相模がそのことを知るのは、その少し前、「〽蓋押しあくれば、」「藤の方・相模　ヤ、その首は。」というところであるが、その後、「〽あいとばかりに女房は、あえなき首を手に取りあげ、見るも涙にふさがりて、変わる我が子の死顔に、……」という母としての嘆きがあって、それから、藤の方に向かって「申し藤の方様、お嘆きあった敦盛様のこの首。……」と発言するところで、「秘」への加担者となっている。藤の方は、「ヤア、これは。」と気付くが、その後は言わないところで、「秘」に加担する。

「熊谷陣屋」の中心人物はもちろん熊谷直実であるが、ドラマ全体の引き立て役として、熊谷のつくり出した「秘」への加担者たちの役割は大きい。義経はとっさに判断して、進んで加担するのだが、女たちは、悲しみ、嘆いたすえに、やむなく加担する。その迷いの経過が、この悲劇の山場の魅力になっている。

そして、ここでも、前の「勧進帳」の場合と同様に、その初めの「秘」は、熊谷の封建武士としてのギリギリの行為であって、表現ではない。その後の加担者たちが、表現としての「秘」をつくりだしているのである。

III

以上のような古典文芸では、「秘」のテーマは、ワキ役の加担者によって深められ、作品の魅力をつくり出していた。しかしまた、「秘」の加担関係は、主役、ワキ役の双方からもつくりあげられていく。

文芸作品ばかりでなく、民衆の生活の場面でも、「秘」への加担の人間関係は、もちろんいろいろな形で生きている。民俗学者、宮本常一の紹介する次のような話がある。これは、多数の民衆が加担者となって、「秘」をつくり出している例である。

だがまだ質草のある家はよかったのである。質草さえも持たぬ者はどうすればよかったか。泥棒するか乞食する以外にはなかった。私は昭和一六年、愛媛県山中をあるいてオトシ宿の話をきいたことがある。他人の物をとって売りにいくと、買ってくれる家があり、また泥棒をも泊めてくれたものであるという。聞いた時のノートを戦災でやいて、あらすじだけを覚えているにすぎなくなっていたが、昭和三六年夏、またこの山中をあるく機会を得た。そしてその分布はかなりの広範囲にわたっていることを知った。今日オトシ宿をしていたもので現地にとどまっているものはほとんどないようである。しかし、部落三つに一軒や二軒のそういう家があった。その家は村の人から嫌われ、さげすまれつつ、村人もこれを追おうとはしなかった。村人にとってそれは必要だったからである。明治になって警察制度ができてからもこういう宿の罪状をあばく者はなかったという。食うに困って助ける者がなければ、だまってとって見つからねば、とられた方もとがめだてしなかったのである。そしてまた、オトシ宿のものを買えば一般の物よりずっと値が安かったから、そういうことで、くらしをたてた者もあったのである。

この話にすぐ続いて、宮本はこう述べている。

そうした宿のとりしまりのきびしくなったのは明治三〇年代になってからで、この山中で人心をおびやかすような強盗事件がいくつかおこってからのことであった。するとオトシ宿をしていた者は、どこかへ出ていってしまった。山村は平和になったように見えたが、土地の売買は盛んになり、貧富の差が大きくなっていったのである。そういうことになると泥棒さえが、ある意味では美徳であった時代があったことになる。

（「山の民」『宮本常一著作集3』未来社　一九八三年、二四二—三頁）

私の立場でこの話を結べば、「〈秘〉への加担が、美徳であった時代があった」ということであろう。それは、形を変えて、今日にも及んでいるだろう。

第四章　秘の文化の起源——漢字

1　鏡や剣の文字

日本固有の文化としての「秘」の起源は、漢字にある、と私は考えている。

漢字は、私たちは漠然と、「漢」の字であるから、中国の文字である、と考えるかもしれないが、実はそうではない。外来語であるが、外国語ではない。外来文化ではあるが、外国文化ではない。英語で、言語学者は漢字を、Sino-Japanese と言って、中国語である Chinese Characters とは区別することがある。この二重の構造が、「秘」を解き明かす鍵であろう。

漢字は「表意文字」であるとよく言われる。アルファベット系の文字が「表音文字」と言われるのと対比された定義である。それに対して、「意」も「音」も合わせた「語」を表す「表語文字」であるという説が、研究者から指摘される。さらに、これらの定義の「意」や「音」や「語」というのは、いずれも曖昧であるとして、言語学で意味の最小形式、形態素という概念を用いて「表形態素文字」

であるという説もある。

これらの定義はいずれも、漢字は意味か、語か、形態素かを「表」す、そして伝える、という前提に立っている。果たしてそうだろうか。中国語のもとの意味は、こちらの漢字に十分「表」されているのか。もちろん、大筋としては、もとの中国語の意味は「表」されていると言えるだろう。そのことは十分認めなければならない。

しかし、改めて、中国語と漢字との違いを見過ごさない立場から考えよう。中国語のもとの文字と、日本語における漢字とは、その意味、あるいは言語構造上の働きはいろいろと違っている。以下、私は、その違い、意味のズレに焦点を置いて、考えていきたい。とくにそのズレは、新しく異文化の文字が到来した時期には重要である。日本史上、おもに古代と近代以後である。そして、実は、このような意味のズレは、その後日本語の中に漢字が安定して取り入れられて後も、いわば言葉の構造全体の中に、その底の方に、ひそかに住み着いている。「底の方に」、ということは、言葉の使用者にとって、無意識化されている場合が多いということである。

そして、このようなズレが、文化論上の「秘」の根源にある、と私は考えている。

その事情を解き明かすのに、まず、漢字が初めてこの島国にやってきた頃の受け取られ方から考えていきたい。

銅鐸が製作されたのと同じ頃、やはり青銅製の鏡がつくられていた。

鏡は、明らかに中国からの舶来と分かるお手本がまずあった。中国王朝の前漢、後漢の時代の作で、銘文が刻されている。戦国時代の楚の国の歌謡集『楚辞《そじ》』の一節とか、「見日之光」などの短い文句である。当時の大和の支配者は、鏡のような舶来品を珍重したであろう。権力者の立派な墓などの遺跡から出土する。

やがて、弥生時代から古墳時代にかけて、舶来製品とは別に、大和の人々も鏡をつくるようになった。仿製鏡《ほうせいきょう》と言われる。舶来製よりも小型で、つくりもやや粗末である。鏡面には、やはり銘文らしいものが刻まれている。ところが、その文字の形が明らかでない。たとえば、「日」という文字らしい形が、とびとびに描かれている。中国語の文字をまねしたらしい模様のような形もある。文字をまねしようとして、字体がひっくり返った形のもある。

当時、中国文字を理解できる者は、ほとんど朝鮮からの渡来人に限られていただろう。大和の原住民で、文字を読んだり、書いたりできる者は、いたとしても非常に少なかった。そういう大和の人が、なんとか鏡をつくった。舶来製品に書かれた文字は、その意味などは分からなかった。しかし、それが何やら大事な形である、ということは感じ取っていたのであろう。

古代大和に文字が到来した経過は、『古事記』・『日本書紀』・『続日本紀』などに断片的に語られている。『書紀』によると、五世紀の始め、応神天皇の十五、十六年、百済から、阿直岐《あちき》が渡来して、太子の菟道稚郎子《うぢのわきいらつこ》に教典を教えたという。

……阿直岐、亦能く経典を読めり。即ち太子菟道稚郎子、師としたまふ。是に、天皇、阿直岐に問ひて曰はく「如《も》し汝に勝れる博士、亦有りや」とのたまふ。対《こた》へて曰《もう》さく「王仁《わに》といふ者有り。是秀れたり」とまうす。時に上毛野君《かみつけののきち》の祖、荒《あら》田《た》別《わけ》・巫別《かむなぎわけ》を百済に遣して、仍《よ》りて王仁を徴《め》さしむ。其れ阿直岐は阿直岐史が始祖なり。

（『日本古典文学大系67　日本書紀上』岩波書店、一九七二年、三七一―二頁）

こうして阿直岐や王仁は、その後大和に居着いて、朝廷の役人、史《ふひと》の始祖となっている。ところが、それから一六〇年ほども経た五七二（敏達元）年、『書紀』にはこういう記録が現れている。

……丙辰に、天皇、高麗の表疏《ふみ》を執りたまひて、大臣に授けたまふ。諸《もろもろ》の史《ふひと》を召し聚《つど》へて、読み解かしむ。是の時に、諸の史、三日の内に、皆読むこと能はず。爰《ここ》に船史《ふねのふみびと》の祖王辰爾《わうじんに》有りて、能く読み釈《と》き奉る。是に由りて、天皇と大臣と倶《とも》に為賛《ほ》美めたまひて曰はく、「勤《いそ》しきかな、辰爾。よきかな、辰爾。汝若し学ぶることを愛《この》まざらましかば、誰か能く読み解かまし。今より始めて、殿の中に近侍《はべ》れ」とのたまふ。既にして、東《やまと》、西《かふち》の諸の史に詔して曰はく、「汝等習ふ業《わざ》、何故か就《な》らざる……」

（『日本古典文学大系68　日本書紀下』岩波書店、一九七二年、一三三頁）

という次第で、渡来人の書記の専門家でも、長く大和の島国に居着いているうちに、朝鮮からの文書でもよく読めなくなっていたようである。まして、大和の人々は、菟道稚郎子のような秀才は例外として、漢字は依然近づき難い異文化であっただろう。

埼玉県の稲荷山《いなりやま》の古墳から、一九六八年の調査で、銘文の入った鉄剣が発見された。銘文は剣の表と裏に一一五字の漢文であるが、表音文字で人名を記してあるなど、和風の漢字が混じっている。「獲加多支鹵大王」が「ワカタケル大王」と読めることから、五世紀の雄略天皇の時代の人物の墓と考えられた。書いたのは、五世紀後半の頃で、おそらく百済からの渡来人であったろう。鉄剣の発見当時、この文字を解読した研究者、岸俊男は、こう述べている。

……一一五字の中に、鉄剣製作の意図を的確に盛りこんでおり、文章としての完成度が高い。また当時の倭国の人名・地名を漢字音で表記していて、ワカタケル大王のもとに、中国語に精通した記録者の存在していたことを示している。
（岸俊男「新発見の文字資料」岸俊男編『日本の古代14　ことばと文字』中央公論社、一九八八年、一二頁）

こうして、大和の人間の名前が表記されているように、渡来人を使って漢文を書かせるような時代になっていたのだが、他方で、書かせた大和の人々は、こういう文字をどう理解していたのだろうか。

当時、鉄剣は、最新の武器のはずである。世界各地の古代史の発展段階では、青銅器時代の次に鉄器時代がくることになっている。鉄は青銅と違って、軽くて折れにくく、優れた武器になった。しかしこの古墳に納められた鉄剣は、どうも武器としての扱いではない。宝物のような、貴重品の扱いである。

古代エジプトの新王国時代、紀元前一三〇〇年代のツタンカーメン王の墓の発掘は有名だが、埋葬された王は、胸に小さな鉄製の刀を抱いていた。当時、鉄器は知られたばかりの頃で、鉄器の武器としての優秀さは知られていたが、この王の抱いた小さな鉄器は、明らかに、武器という用途とは関係ない。では、祭祀の供え物か、呪物でもあったのか。似たような場合によくそういう解釈がされるが、この場合は、どうもそういう証拠はない。しかし、とにかくそれは、貴重なものであった。人間にとって、珍奇に出現したモノは、第一に、その存在じたいが貴重なのである。だから、その存在をめぐって、やがてその後、祭祀や呪術がつくられていくのであろう。

さらに、その鉄剣には、文字が書かれていた。刀身の表裏に上から下までびっしり、一一五字もの文字が書かれていたということは、この剣が、武器として使用されることを前提としていなかったかのようである。その文字は、刀身をたがねで刻み、そこに金を埋めこんだ入念なつくりであった。

鉄剣は、葬って土に埋めてしまえばもう使えないわけだが、それ以上に、書かれた文字を埋めてしまうことは、非合理であろう。文字の用途は、その意味内容のコミュニケーションにあるという常識に反している。

埋葬されたこの鉄剣の使用者にとって、またこの人物を葬った人々にとって、鉄剣は大事であったに違いないが、おそらくそれに劣らず、そこに書かれた文字が大事であったらしいことが分かる。

2　文字それじたいが貴重だった

文字が、それじたいで貴重な存在として扱われるということは、古代大和の場合に限らない。おそらく、人類文明史上のどの文字も、その意味や用途の目的に従って発明され、使用されるようになったのではない。文字は、その初め、人の好奇心をそそるような、興味深い形であり、やがてその後に、共同体において、貴重な形とされるようになったのだろう。それが、やがて少数の権力者などによって、その権力や権威の象徴として使用されるようになったのだろう。その頃の文字は、権力者と、神々など超越的存在とを結ぶ神聖文字とも言われ、儀式に祭られたり、卜占にもちいられたりした。あるいは、その後、次第に、文字はその意味を持つようになり、記録や契約などその用途が知られるようになった。文字は言葉を表記し、人々のコミュニケーションの用具として、広く民衆の間にも普及するようになった。

古代エジプトでも、古代中国でも、文字出現のある初期の時代に、文字はいわゆる神聖文字として扱われていたことが分かる。古代の文字は、当時の権力者の遺跡などから出現する場合が多いので、古代文字が神聖視されていたという面がよく語られる。古代エジプトの文字はヒエログリフと言われる。ヒエロとは、「神聖な」というギリシャ語由来の言葉である。あるいは、人類史上最初の文字とされるシュメールの楔形文字について、ウルク市街の大神殿から発見された粘土板の解読から、神殿での会計帳簿に使われていた文字である、と説明されている。

しかし、文字は、その出現の初期から、会計帳簿用として、あるいは神聖文字としてあったわけではない、と考える。文字の出現以前に、帳簿記載に便利な用具という観念があって、その目的に従って文字を発明したとか、あるいは、文字のようなものを「神聖」とするような宗教的観念を人々が抱いていて、その観念に従って文字をつくった、と考えるとすれば、それはどうもおかしい。神聖とされる観念が、文字をつくり出したのではなく、祈りの形は、文字を通じてつくり出されていったのであろう。むしろ、文字が、祭りや祈りの形式をつくっていった、と言うべきだろう。意味内容があらかじめあって、それが形をつくったのではなく、形が、その意味内容をつくり出したのであろう。

3 文字の起源

ここで、一般に、文字や言葉などの文化の起源の問題について、簡単に触れておきたい。本書の目的は、異文化との出会いから起こる問題であるが、異文化との出会いは、およそ文化の起源と共通する面がある。とりわけ文字を知らなかった古代大和の人々が、漢字と初めて出会った経験がそうであったろう。

目も見えず、耳も聞こえず、発声もできなかった障害者の少女、ヘレン・ケラー Helen Keller が、言葉を知るようになった経験について、後に自ら書いた有名な手記がある。言葉、というよりも、耳が聞こえなかったので、"water"という文字を初めて知るようになった経験である。

われわれは井戸小屋を蔽うているスイカズラの香りに心を引かれ、小路を伝ってその小屋まで下りて行った。だれかが水を飲んでいた。そこで私の教師は私の手を水のほとばしっている下に出させた。冷たい流れが手の上をほとばしっているとき、彼女は私のもう一方の手の平に水(water)という文字を、はじめはゆっくりと、次には早目に綴った。私はじっとして全身全霊の注意を彼女の指の動かし方に集中した。突然、私は何か今まで忘れていたものに対するようなぼんやりとした意識を感じ——思想をとり戻したという胸のわくわくするような喜びを感じたのである。こうして、私にはともかくも言語の神秘が啓示された。そのとき、私は w—a—t—e—r というのは、私の手の上を流れているすばらしい冷いなにものかを意味していることを知った。その生きた語は私の魂を目覚まし、それに光明と希望と歓喜とを与え、そしてそれを解放したのである! 確かに、なおいくつかの障壁はあった。しかし、それらはやがて乗り越えられる障壁であった。

「私は学びたくてたまらない気持で、井戸小屋を立ち去った。あらゆるものには名前がついており、そしてどの名前も新しい思想を生み出すのであった。二人が家に帰ったとき、私の手に触れるものはすべて生命にうち震えているように思われた。これは、私に訪れてきた不思議な新しい視力によって、すべてのものを見たからであった。」

（S・K・ランガー、矢野萬里他訳『シンボルの哲学』岩波書店、一九六〇年、七四―五頁）

この文章を引用して、言葉の起源について、哲学者、スザンヌ・ランガー Susanne K. Langer は、こう書いている。

……w―a―t―e―r という語がかならずしも水が要るとか、水を持ってきて欲しいというサインではなく、この物質のことを述べたり、考えたり、思い出しうるための名前であるということを発見して、はじめて真の思考が可能となったのである。

（同書、七五頁）

……　……　……

……幼いヘレンを教えた彼女の教師の正式の日々の授業の努力の甲斐があって、「水」という語の意義が突然はっとわかってきたが、それは彼女が水が欲しかった場合ではなくて、水の流れがほとばしるように彼女の手にかかった時だったのである！

（同書、一四二頁）

あるいはまた、幼児が言葉を覚えていくのは、それに先だって、生まれてまもなく、幼児が一人で、無意味な音声を口にする時期があって、この体験が、後に有意味な言葉を習得するのに不可欠であることが、心理学者によって指摘されている。つまり、言葉の習得には、言葉の使用目的を理解することよりも、まず言葉が発声可能になる、ということが重要なのである。

ランガーは、これをシンボル化 symbolization と言う。人がシンボルによって経験を捉えることを、ランガーは、言葉、文字、芸術など文化生活一般の理解のキイとして説いている。シンボルとは、私がここで「形」と言っていることとほぼ同一であろう。

言葉や文字について、意味が先か、形が先かという問題は、古来、哲学者たちによって争われてきた。西洋では中世以来、およそ観念はただの名前に過ぎないとする唯名論 nominalism と、観念は実在すると考える実念論 realism との論争がある。私の立場は、この論争で言えば、唯名論である。現代の思想で言えば、言語学や文化論上での、構造主義の立場に近い。私は、翻訳の問題を考えてきた経験から、異言語は、その意味内容が理解されるから受容されるのではなくて、まず受容され、次に理解されると考えざるをえないのである。

さて、文字を、舶来文化として受け入れた古代大和では、青銅器と鉄器とが重なって到来したように、神聖文字と民衆の表記の用具としての文字もほとんどいっしょにやってきた。前述の仿製鏡のお手本の文字は、漢時代の日常の語句であったが、稲荷山鉄剣の文字は、権力者に独占された文字の扱いであった。しかし、これらを受け取った大和の人々の立場から考えたいと思う。これらの用法の背景には、およそ文字の出現のもっとも初期の、文字それじたいが珍しく貴重な存在であるという姿もうかがうことができるのではないか。
稲荷山古墳出土の鉄剣の文字を書いたのは、記紀の伝えるような、大和の政府のもとで仕える渡来人であったろう。この人たちにとって、文字は当然神秘な存在ではなかっただろう。そして他方、ほとんどの大和の人々にとっては、文字は何よりも、珍しく特異な異文化であった。この両面を考えなければならないと思う。直接書いた人と、これを受け取り、扱った人とである。岸俊男は、前掲の論文中でこう述べている。

銘文鉄剣や鉄刀がごくわずかしか存在しない事実は、これらが特別な意図のもとに製作されたことを示す。おそらく王権直属の工房で製作され、大和、河内連合王権の王・大王のもとにいた有力人物や、各地の豪族の首長などに、服属の代償として下賜された。こうした鉄剣・鉄刀を下賜された者は、それを自己の身分を権威付けるものとして保持し、さらに伝世さえしたことだろう。

銘文鉄剣や鉄刀に、こうした歴史的背景を考えることができるとすれば、タガネで刻まれた金・銀線で象嵌された文字そのものに、神秘的な呪力があるとの意識をも生んだだろう。堅い素材に文字を刻む行為には、それらを永遠に残しておこう、との意志が読みとれる。
「言霊の幸ふ国」（『万葉集』五—八九四、一三—三二五四）との観念の存在した日本の古代では、言葉そのものに呪力がこもっていると意識されていた。こうした意識の存在が、言葉を表記した

文字そのものを神秘的な呪力あるものとする意識をさえ生んだと思われる。（前掲書、三二頁）

この意見は、古代史研究者ばかりでなく、古代史に関心のある多数の人々の共感する見方ではないだろうか。

そこで、私は、次の章で、ここで述べられている「言霊《ことたま》」という言葉について述べていきたいと思う。この言葉については、私は今までに書いて発表したことがある（柳父章『翻訳語の論理』法政大学出版局、一九七二年）。しかし、ここでの問題に大いに関係あることなので、改めて、以下に紹介しておきたい。かつての私の意見は、読み返して見ると、どうも説明不十分で、分かりにくいところもあったので、この機会にもっと要領よくまとめて述べたいと思う。

ここで、要するに私の言いたいことは、「言霊」の神秘的な呪力の意識とか、「言霊」信仰と言えるような事実は、ある時代以後は確かにあったと思う。しかしその初めの頃、「コトタマ」という言葉は、ほとんど神秘でもなく、まして信仰でもなかった。そういう時代があった、ということである。このことが見過ごされているということ、その問題は、大和言葉と漢字との意味のズレから起こっている、ということである。そして、このズレから、やがて「言霊」という「秘」が生まれたのだ、と私は考えている。

第五章　言霊とはなにか

1　言霊の「言《コト》」とはなにか

Ⅰ

言霊という言葉を「古語辞典」で見ると、こう書いてある。

ことたま【言霊】　言葉の持つ神秘的な力。「――の八十（やそ）のちまたに夕占（ゆふけ）問ふ占まさに告（の）る妹はあひ寄らむ」（万一一五〇六）▽人間にタマ（霊力）があるように、言葉にもタマがあって、物事の実現を左右すると未開社会では強く信じられている。そこでは言葉と事との区別が薄く、コト（言）はすなわちコト（事）であり、言葉はそのまま事実と信じられている。例えば人の名は、その人自身と考えられるため、異性に自分の名を教えることは相手の自由に身を委せることを意味する。また、名が傷つけられ、のろいをうけることは、すなわちその人が傷つくと考えるごときも、この信仰による。Kötötama

（大野晋・佐竹昭広・前田金五郎編『岩波古語辞典』岩波書店、一九七四年、五〇二頁）

ここで、「言葉はそのまま事実と信じられている」というのは、少なくとも『万葉集』の時代の八世紀の頃、そうであったようである。まず、このことについて、古代の文献からの用例に当たって調べてみよう。

たとえば『万葉集』で、大和言葉のコトの表記が、借音文字の「言」と「事」で混用されていた、ということがよく指摘される。この「事」は「言」の借字である、というように解釈されたりする。たとえば『万葉集』のコトタマ三例のうち、「言」は一例、「事」は二例である。「混用」とか「借字」を説くような解釈論によれば、この「事」は、「言」の借字、ないし混用ということになるのではないか。

「ヒトコトを繁み」という文句は多く使われているが、この借字、ないし混用の著しい例である。

たとえば、

ヒトコトをしげみ言痛《こちた》みおのが世にいまだ渡らぬ朝川渡る　（一一六）

この「ヒトコト」は「人の言葉」と解されている。とすれば「人言」と表記されるべきであろうが、「人事」と書かれている。『万葉集』のヒトコト三四例中、「言」の表記は一四、「事」の表記は一五例である。

また、コトハカリという熟語は、たとえば、

ひとりゐて恋ふれば苦し玉だすきかけず忘れむコトハカリもが　（二八九八）

のようにうたわれていて、「事をはかる」と解されている。ところが、コトハカリ五例のうち、「言」の表記は二例、「事」は三例である。

『万葉集』の筆記者たちは、「言」と「事」とを混用していたのではなく、借字していたのでもない、と思う。漢字の「言」と「事」との概念の区別をよく知らなかったのでもない。要するに、大和言葉では、「コト」は、漢字の「言」にも「事」にも通ずるような意味の言葉だったのである。

II

このことは、当時の知識人たちによって書かれた漢文の中の「言」と「事」との使い方と、同じ人の大和言葉の歌や文章の表記とを比較すると、いっそう明らかである。

たとえば、山上憶良の「痾《やまひ》に沈みて自《みづか》ら哀む文」には、「言はむと欲して言窮まる」と書かれた一

節がある。この「言」は、もちろん「事」で置き換えることはできない。また、「俗道の仮合、即ち離れ去り易く留り難きを悲嘆する詩」には、「人事の経紀《けいき》するは臂《ひじ》を申《の》ぶるが如し」と書かれた一節がある。これもまったく書かれているとおりで、「事」の概念の文字である。

他方で、憶良作の大和言葉の歌の表記では、

風雲は二つの岸に通へども吾が遠嬬《つま》のコトぞ通はぬ　（一五二一）

このコトは、漢字を知っていたら「言」を宛てるはず、と思われるだろう。ところが「事」と表記されている。

また、大伴家持も漢文章の中では、「古人は言酬《むく》いずといふこと無し」とか、「言を賦《ふ》し」や「その事畢《をは》りて」や「但し仁王会の事に依り」のように、「言」と「事」とを正確に書き分けている。ところが、大和言葉の歌の表記では、

コト問はぬ木すら紫陽花《あぢさゐ》諸茅等《もろちら》が練《ねり》の村戸に詐《あざむ》かえけり　（七七三）

末《うら》わかみ花咲きがたき梅を植ゑて人のコト繁み思ひぞ吾が為《す》る　（七八八）

これらの「コト」は、「言」ではなく、「事」と書かれている。
『万葉』に限らず、あの当時の文献には、同じような用例を探ることができる。
『古事記』序文の太安万侶の漢文では、

……然れども上古の時、言意並びに朴《すなほ》にして、……　……全《また》く音をもちて連ねたるは、事の趣更に長し。

と書かれていて、明らかに「言」と「事」とを正確に区別している。
また、もともと漢文で書かれている『日本書紀』「神代」の記述では、

如何《いかに》ぞ婦人の反りて言先《さきだ》つや。事既に不祥。

と、「言」と「事」とを意識的に対置しているようでもある。
ところが、大和言葉を漢字で表記するときは、たとえ漢文中であっても、「言」と「事」とを敢えて「混用」しているようにさえ見える。たとえば、「ヒトコト主命」は、『古事記』、『土佐国風土記』では「一言主命」であり、「雄略紀」では「一事主命」である。また、「崇神紀」の「言理灼然《いやちこ》」が、「允恭《いんぎょう》紀」では「事理灼然」となっていて、ともに「コトワリ」と読んでいる。

当時の知識人たちが、漢文を書くとき「言」と「事」とを明瞭に書き分けていたのは、むしろ当然であった。漢文の文脈中で文字を知る限り、「言」と「事」とは、概念の共通する部分を持っていないからである。問題は、大和言葉の方にあった、と言うより、漢字という異文化の文字に直面した大和言葉にあったのである。

上代知識人たちは、漢字の「言」と「事」とを別々の概念として区別していた。ところが、大和言葉の「コト」を、このどちらの文字を宛てるべきか、その区別が明らかでなかった。言葉の概念の面から見れば、大和言葉の「コト」は、中国語文字の「言」とも「事」とも共通するところをもっていたのである。

このような考え方を前提として、改めて『万葉』の歌の中の「コト」を見直してみよう。たとえば、

たらちねの母にさはらばいたづらに汝も吾もコトなるべしや　（二五一七）

このコトの表記は「事」であるが、それにとらわれないならば、「言」とも「事」とも解し得る。それは、約束した言葉であり、またその結果として成就するかも知れない事柄である。

コトが、同時に「言」でもあり、「事」でもあるという概念は、現代の私たちには理解し難い。言葉は事実ではないし、事実は言葉ではない、と現代の私たちは思っている。

古代の中国語の言葉の体系の中でも、「言」と「事」とは、混同できない別々の概念であった。た

とえば『懐風藻』の、下毛野朝臣虫麻呂の文中に、「事に即《つ》きて言を形《あらは》し」とある。漢文の文脈の中に置かれた「言」と「事」は、混同できないのである。

大和言葉の文脈中では、「言」と「事」とは混同できた。それは、彼らが言葉と事実とを混同していたからだ、という解釈を導くかも知れない。しかし、混同されていたのは、文字表記なのである。大和言葉のコトではない。上代人のコトという言葉遣いのうちには、往々神秘的な、呪術的な意味がある、として解釈されてきたのは、このような言葉の概念を捉え難かったことも、多分に影響していたのではなかったか。

たとえば、人麻呂歌集の歌。

葦原《あしはら》の　水穂の国は　神ながら　コトアゲせぬ国　しかれども　コトアゲぞわがする　コト幸《さき》く　まさきくませと　つつみなく　さきくいまさば　荒磯波《ありそなみ》　ありても見むと　百重波　千重波にしき　コトアゲす吾は　コトアゲす吾は（三二五三）

反歌

しき島の倭《やまと》の国はコトタマのさきはふ国ぞまさきくありこそ（三二五四）

ここには、反歌も含めて、六つのコトがよまれている。文字表記は、順に、事、辞、言、言、言、事、である。

ここで繰り返し強調されているコトは、口に出して言われる「言」であり、そこから引き起こされる「事」であり、願望が成就される「事」でもあった。「言」は「事」を引き起こすのである。大事であり、うかつには口にすべきではない。すなわち、「コトアゲせぬ国」なのである。この重大な「言」を、敢えて作者は口にしようとする。「しかれどもコトアゲぞわがする」という文句には、張りつめた緊張感がある。ここでよまれているコトアゲのコト、コト幸くのコト、そしてコトタマのコトは、このような意味の、本質的には一つの意味のコトであった、と考える。

2 言霊の「霊《タマ》」とはなにか

つぎに、古代大和言葉のタマという言葉について、その意味を、文字表記との関係で考えよう。以下の考察で、要するに私の言いたいことは、あたかもコトが、漢字の「言」とも「事」とも重なり合っていた、というのと同じように、古代のある時期より以前、タマという言葉の概念は、漢字の「玉」の概念とも「霊」の概念とも重なり合っていた、ということである。

I

『万葉集』にタマという言葉は多いが、表意文字のほとんどは、「玉」および「珠」であり、「霊」や「魂」は少ない。『万葉集』のタマ五三三例のうち、「玉」は三四二でもっとも多く、「珠」は六二、

「霊」は一五、「魂」は一、「魄」は一、アラタマに宛てられた「璞」が七、借音辞一〇三である。

「玉」と「珠」の文字は、その概念がほとんど共通している。もとは、「玉」は鉱物、「珠」は真珠という違いはあるが、『万葉』の用例では使い分けられていない。「璞」の概念はやや異なるが、具象物を指しているという点ではかなり共通している。他方、「霊」「魂」「魄」も相互に共通するところの多い概念である。タマの表記に宛てられた二つのグループ、「玉」「珠」「璞」と、「霊」「魂」「魄」とでは、中国語の概念では相互に共通するところはまずない。万葉時代の人々が、文字を通して知った限りでは、「霊」と「玉」とは、概念は互いに共通するところがなかった。

ところで、一般に、異なる言語の中の一つずつの言葉どうしが共通の意味を持っているという場合、完全に同じということはあり得ない。つまり、相互に翻訳語とされる二つの言葉どうしは、互いの意味に必ずズレがある。そのズレは、互いが具象的な意味の場合は小さい。対象の確認ができるからである。しかし、観念的な意味の場合は、そのズレは大きくなるのがふつうである。当然のことながら、言葉の概念と、その対象との対応の確認が困難だからである。そこで、具象語を「玉」で代表させ、観念語を「霊」で代表させて言うと、問題は、「タマ」と「玉」との間よりも、「タマ」と「霊」との間にある。これら三つの言葉の意味の関係を、理解の便宜上、次のように図で表示しておこう。

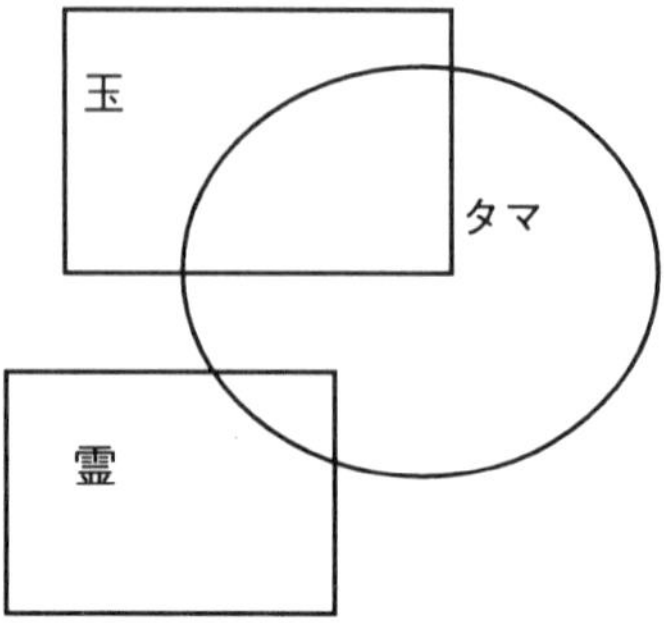

タマは、植物の実や、貝や石などで、古代大和の人々はたいてい、肌身はなさず身につけていたらしく、大切な物であった。見て美しく、触れると堅い、小さな存在である。それは単なる物質ではなかった。自分じしんのもっとも大切な物であり、恋人、愛する人、尊敬すべき人などのもっとも大切な物でもあった。それは、現代の私たちにとっての宝石などとは本質的に違う。財産ではない。金銭では交換不可能である。

ある人の具象物タマが、ある人そのものと思われ、その人が目に見えなくても、そのタマを通してその人が確かに在ると感じられ、考えられるにいたったとき、そのタマは、観念タマに近くなるだろう。

『万葉集』で、作者未詳の恋歌などに詠まれているタマには、具象語タマと、観念語タマとの間を揺れ動いているようなタマがよく見受けられる。

たとえば、次のような歌がある。

タマこそは　緒の絶えぬれば　くくりつつ　またもあふといへ　またもあはぬものは　妻にしありけり　（三三三〇）

このタマの表記は「玉」である。タマはあうが、妻とはあわない。タマのようにあってほしい、という願いがかけられているが、願いの実現にはまだ遠い。具象語タマと観念語タマとの距離は、まだ遠い。

ところが、次の歌。

タマの緒を泡緒に縒りて結《よ》べらば在りても後にも逢はざらめやも　（七六三）

このタマの表記も「玉」である。然し、作者の強い願いで、具象語タマは、観念語タマにかなり近づいているようだ。

そして、次の歌のタマ。

タマ合はば相寝むものを小山田《おやまだ》の鹿猪田守《ししだも》るごと母し守《も》らすも

（三〇〇〇）

このタマの表記は「霊」である。しかしこのタマは、かえって、具象語タマとも、観念語タマとも解釈できそうである。

尊敬すべき人、あるいは神のタマについても、基本的には同じように、具象語タマと観念語タマとの間の揺れ動きを見ることができそうである。『万葉集』を離れて、風土記の例を見てみたい。沖津宮所収の防人日記による『筑前国風土記』におけるタマ。

宗像《むなかた》の大神、天《あめ》より降《くだ》りまして、埼門山《さきとやま》に居ましし時、青蕤《あおに》のタマを以《も》ちて奥津宮《おきつみや》の表《しるし》に置き、八尺蕤《やさかに》の紫タマを以《も》ちて中津宮の表に置き、八咫《やた》の鏡を以ちて辺津宮《へつみや》の表に置き、この三つの表を以《も》ちて神のみ體の形と成して、三つの宮に納め置きたまひて、即《やが》て隠《かく》りましき。

（『日本古典文学大系2　風土記』岩波書店、一九七二年、五〇六頁）

この二つのタマは、いずれも「玉」と表記されている。宗像の大神のタマは、具象物のタマであったのだから、この表記のとおりであろう。しかし、「宮の表に置き」、「神体の形と成し」て後には、観念のタマに抽象化され、呪術とか、信仰の対象になっていった、とも解釈できるだろう。

ほとんど同じような状況におかれたタマが、『出雲国風土記』では、こう書かれている。

神須佐能袁《かみすさのを》の命《みこと》、詔《の》り給ひしく、「此の国は小さき国なれども、国処《くにどころ》なり。故《かれ》、我が御名は、石《いは》木《き》には著《つ》けじ」と詔《の》り給ひて、即ち、己が命《みこと》の御《み》タマを、鎮《しず》め置き給ひき。

（同書、二一七頁）

このタマの表記は「魂」である。観念語「魂」と書かれてはいるが、逆に、具象物タマの意味とも理解できる。前の「宗像の大神」のタマの例と同じように、その意味は具象物と観念の中間あたりでゆれていたと言えるだろう。

なお、古代人はタマについて、「遊離魂」という信仰、ないし習俗があったと解釈されることがあるが、これらの例のように、タマとその所有者とが分離され、それが「魂」と表記されれば、遊離魂と言われるような意味が生まれてくるのだろう。

神話学者、松村武雄は、こう述べている。「古文献ははなはだ屢々――それが常規的といっていい程に――『魂』の語辞を用ふべきところに玉の語辞を当てている」（『日本神話の研究』培風館、一九六九年、二六三頁）。この意見は、私がここで述べているのと同じ事実を指摘していると思う。

しかし、その見方は私とは違う。後世の人々から見れば「『魂』の語辞を用ふべきところに」となるのであろうが、古代大和の人々にとって、「魂」の文字を宛てるべきか、「玉」の文字を宛てるべきかは、それほど明らかではなかった、そういう時代は確かにかつてあったのである。

II

以上のような前提で、『万葉集』のクシミタマという言葉、いわゆる鎮懐石を詠んだ歌のタマの意味を考えてみたい。

懸《か》けまくは　あやに畏《かしこ》し　帯比売《たらしひめ》　神の命《みこと》　韓国《からくに》を　向け平らげて　御心を　鎮め給ふと　い取らして　斎《いは》ひ給ひし　マタマなす　二つの石を　世の人に　示し給ひて　万代に　言ひ継ぐがねと　海《わた》の底《おき》　奥つ深江の　海上《うなかみ》の　子負《こふ》の原に　み手づから　置かし給ひて　神随《かむながら》　神さび坐《いま》す　クシミタマ　今の現《をつつ》に　尊きろかも　（八一三）

天地の共に久しく言ひ継げと此のクシミタマしかしけらしも　（八一四）

作者は、山上憶良とも、大伴旅人とも言われている。歌の表記は、ほとんど借音で、マタマも、クシミタマも借音表記である。解釈では、マタマは「真珠」、クシミタマは「奇魂」と表記して理解するのが通説である。その結果、当然、このマタマとクシミタマとは、別のタマ、と考えられている。

このような通説にも道理がある。マタマは歌の文脈から考えても、石の形容である。また、この歌には、漢文の題辞があって、……海に臨《のぞ》める丘の上に二の石あり。……並に皆楕円にして、状《かたち》鶏子《とりのこ》の如し。其の美好《うるはし》きこと論《あげつら》ふに勝《た》ふ可らず。所謂《いはゆる》径尺の璧《たま》是なり。……

とあり、マタマは明らかにこの「璧」である。また同じような鎮懐石の物語は『古事記』、『日本書紀』、『風土記』などにもある。いずれが原型であるかについて、多数説は、記・紀の記載が古く、『万葉』のこの作と『風土記』の記述は、それを下敷きにした、と解している。そして『日本書紀』には、前述の、海から現れた「奇魂」や、「奇魂此を倶斯美拖磨と云ふ。」という記述もある。この歌の作者は、「奇魂」という表記を知っていたであろう、と考えることができる。この作者が、もし借訓字で表記するとしたら、マタマの「タマ」は「玉」または「珠」、クシミタマは「奇魂」と記したであろう、と考えるのは自然である。

しかし、前節で述べたように、このマタマの「タマ」も、クシミタマの「タマ」も、文字表記の概念には捉われず、大和言葉の「タマ」の概念として考えたい。

マタマの「タマ」と、クシミタマの「タマ」とは、ほとんど同一の「タマ」を指していた、と考える。ただし、マタマの「タマ」は、具象物の「タマ」であり、「玉」や「珠」の概念に近い。そしてクシミタマの「タマ」は、観念としての「タマ」に近い概念であった。すなわち「魂」の概念に近かった。この二つの概念は、大和言葉の「タマ」では一つに連続していたのである。

歌の文脈は、具象語「タマ」から、観念語「タマ」への移りゆきを語っている。すなわち、「い取らして斎ひ給ひ」、「万代に　言ひ継ぐがねと」、「神随　神さび坐す」というような、想像の上での、観念的な文句の積み重ねが、マタマの意味を、クシミタマの意味へと導いている。こうしてクシミタマは、呪術とか信仰の対象になったに違いない。それは、意味の変化の結果であるが、具象物タマからの連続的な意味の変化を通してなのである。一つの大和言葉タマにおける変化なのである。

III

タマが、古代大和の人々の間で大事にされていたという、その扱われ方を、文脈上の理解を通じて、タマの意味が変遷していった過程から、具象語から観念語への移りゆきを考えてきた。

次に、タマに宛てた文字の面から、漢字と大和言葉とを比較しつつ、具象語から観念語への移りゆきを考えてみたい。

一般に、「玉」の文字の使用は『古事記』に多く、『日本書紀』に少ない。反対に、「霊」や「魂」の文字は、『日本書紀』に多く、『古事記』に少ない。たとえば、『記』の「前玉比売《さきたまひめ》」の「前玉」は、『紀』の「幸魂《さきみたま》」と同じ意味の言葉であろう。『記』の「櫛八玉《くしやたま》」は、『紀』の「奇魂《くしみたま》」と対応すると思われる。また、『記』の「高御産巣日神《たかみむすひのかみ》」が、『紀』では「高皇産霊尊《たかみむすびのみこと》」と、とくに「霊」の文字を用いて書かれている。しかし、『記』の「大国御魂神」が、『紀』では「大国玉神」と表記されている例もあり、これは例外であろう。

また、『風土記』では、『出雲国風土記』に、とくに「霊」や「魂」の文字が多く、『播磨国風土記』

には、「霊」、「魂」の文字が一つもない。

以上の文献の成立の時代をみると、『出雲国風土記』は天平五（七三三）年の成立であり、『播磨国風土記』は、完本のまま伝わらなかったが、和銅頃（七〇八〜七一四年）の成立、と考えられている。つまり、『播磨国風土記』は『古事記』とほぼ同じ頃に成立し、『出雲国風土記』は、『日本書紀』よりもややおくれて編まれている。この二つの時代の間あたりが、一つの境目ではなかったか。


以上のような立場で、さらに『万葉集』のタマの用例を見てみたい。

タマキハル、という言葉について調べてみよう。『岩波古語辞典』には次のように説かれている。

> たまきはる【玉きはる・霊きはる】〔枕詞〕かかり方未詳。タマは魂、キハルは刻む、または極まる意で「命」「現（うち）」「幾代」「昔」にかかるという。ウチから「心」、地名「内」に、さらにイノチと同音を持つ「磯宮」にかかるという。またタマは玉で、玉の輪をきざむ意から同音の「我（わ）」にかかるという。「――命は知らず」〈万一〇四三〉。「――現の限は」〈万八九七〉。……
>
> （八〇二頁）

タマキハルは、『万葉』以前からの古い成句で、『古事記』の仁徳天皇の章の歌謡二一、「多《タ》麻《マ》岐《キ》波流《ハル》宇《う》知《ち》能《の》阿《あ》曽《そ》」という用例がある。『日本書紀』にも同じような用例がある。

『万葉集』でもっとも古い用例は、舒明天皇の時代、間人連老が詠んだ「タマキハル宇智の大野」であり、次いで、人麻呂歌集の「タマキハル命《いのち》も知らず」である。『万葉』で、奈良時代以前の作であることが明らかなのは、この二つで、いずれもタマに「玉」の字を宛てている。

タマキハルのタマに「霊」の字を宛てるようになったのは、奈良時代以後、と推察される。タマキハルの『万葉』の用例は一七、うち、「霊」を宛てた七例は、時代不明の抜気大首《ぬきけのおほびと》作、および未詳歌で、計二例。他の五例はすべて、奈良時代以後の作である。年代の明らかな作でもっとも古いのは七二七(神亀四)年の阿倍広庭の「タマキハル(霊剋)短き命」で、次いで、山上憶良に、借訓字の「タマキハルいのち惜しけど」が神亀五年に詠まれていて、七三三(天平五)年に同じく憶良の「タマキハル(霊剋)内の限りは」がある。この同じ年、笠金村の、「タマキハル(玉切)命に向かい」がある。

おそらくこの頃、タマキハルの表記は、「玉」から「霊」へと移り動いていったのではないか。「霊」と書かれることが多くなりながらも、時には「玉」とも書かれ、揺れながら次第に変遷していったのであろう。

IV

山上憶良は、とくに「霊」という文字を多く用いていた。

オホクニタマは、『記』や『紀』では「大国魂」「大国玉」などと記されているのだが、憶良は「大国霊」の文字を宛てている。他に、タマキハルで二例、コトタマ一例、計四例の「霊」がある。『万葉集』全体では、五三三のタマのうち、「霊」は一五であるのに対し、憶良の場合は、一五のうちの四であり、桁外れに「霊」の文字を多く用いていたことが分かる。

では、憶良が「霊」の文字で語っていたタマとは、どのような意味の言葉であったのか。憶良には、『万葉集』に漢文章があるので、この中の「霊」の用法と、彼の大和言葉の歌の「霊（タマ）」とを比較しながら考えてみたい。

憶良の書き残した『万葉』（巻五）の漢文「痾に沈みて自哀む文」には、こういう「霊」がある。

命根既に尽きて、其の天年を終るすら、尚哀しむ可しと為す。

という文句があって、それにすぐ続いて、小字で、

聖人賢者一切含霊、誰か此の道を免れんや

と、前の文句の説明のように書かれている。「含霊」は『日本書紀』にも、「而して新羅、含霊を残虐す。」という用例があって、人間の意味である。憶良のも同様であろうが、とくに憶良のこの「含霊」の「霊」には、「命根」とか「天命」を受ける意味があったであろう。

この同じ漢文中に、もう一つこういう「霊」がある。

……北海の徐玄方が女《むすめ》、年十八歳にして死す。其の霊馮馬子《ひょうまし》に謂ひて曰く。我が生録を案ずるに、当に寿八十余歳なるべし。今妖鬼に枉殺《おうさつ》せられて、已に四年を経たり。此に馮馬子に遇ひて、乃ち更に活《い》くる事を得たりと。是なり。内教に云ふ、胆浮州の人は寿百二十歳なりと。……

この「霊」は死者の霊である。ところが、「更に活くる事を得たり」というので、この人は生き返っている。「霊」は、生と死とを貫く存在のようである。この後の文章でも、憶良は、寿命について、生について執着する文句を語り継いでいくのだが、その憶良の願いがこの「霊」という言葉にかけられているようでもある。

以上のような漢文章、および、それに続く漢詩とその序文との後に、憶良の大和言葉の長歌が詠まれている。

タマキハル（霊剋）内の限りは　謂瞻浮州人寿一百二十年也　平らけく　安くもあらむを　事も無く　喪も無くあらむを　世間の　うけくつらけく　……

と、やはり延々と嘆きの歌の言葉が続いていく。この「タマキハル」は、作者みずから歌の中では異例の注で、「瞻浮州人寿一百二十年なりと謂ふ」と語っているように、寿命という意味につながっていて、延命への願いがかけられた「命」ということであろう。自らの漢文中で述べられた「霊」の意味にも近い。このタマキハルのタマに「霊」の字を宛てたとき、憶良は、すでに漢文中で用いている文字「霊」の概念を考えていたにちがいない。つまり、大和言葉のタマに、「霊」の概念を託そうとしていた。

タマキハルという言葉は、古くは『記』・『紀』の用例も含めて、「うち」に係る言葉として使われていた。そして、人麻呂歌集に現れて以後、「いのち」に係る言葉として使われるようになった。古語の「うち」には心という意味もあったので、「いのち」とはそう遠い意味の言葉ではない。『万葉』のタマキハル一七例中、一三例は「いのち」に係っている。憶良の「内」に係る例は、「いのち」に近い意味である。

タマキハルのタマに「霊」の文字が宛てられるようになったのは、「いのち」に係る用法が現れてから、しばらく後のことである。そして、「霊」の文字を宛てることが、ほぼ慣例になった後も、前述の笠金村や、さらには大伴家持の用例のように、「玉」の文字を宛てている例もある。

以上のような考察から、次のように言うことができるだろう。

タマキハルという言葉は、「霊」という文字が宛てられる以前から、いのち、というような観念的な意味の言葉と密接な関係を持つ言葉として育っていた。このような用法を通じて、タマという言葉じたいもまた、かなり観念的な意味の言葉として熟していたであろう。

タマキハルに「霊」という文字が宛てられるようになったのは、一応妥当であった、と考えられる。タマキハルのタマと、「霊」とは、およそ「いのち」に近い概念の領域で、互いに重なり合っていたのである。

しかし、タマキハルのタマと、文字「霊」の概念とは、全く同じであったのではない。「漢和辞典」で「霊」を見ると、こう書いてある。以下、引用の例文は省略して、文字の説明文だけを取り出しておく。

靈　一、かみ。イ、八方の神。ロ、天神。ハ、雲の神。……二、くしび。すぐれて神妙なこと。……三、たま。たましひ。イ、亡き人のみたま。……ロ、萬有の精氣。元気。……ハ、人身の精気。……ニ、死者に冠する尊称。……四、まこと。……五、こころ。おもひ。……六、いきもの。人類。……七、いのち。命数。……八、すぐれたもの。傑出したもの。……九、よい。……十、たくみ。物の精巧なもの。……十一、あらたか。鬼神に祈ってしるしあること。……十二、ききめあること。医薬などの効験あること。……　……（以下省略）

（諸橋轍次編『大漢和辞典』大修館書店、一九五五―六〇年、十二巻、八五頁）

以上の「タマキハル」の用例では、「タマ」はこの「漢和辞典」の説明のうちの、三、四、五、六、七などが大体当てはまるだろうが、一、二などと、その他は当てはまりそうにない。タマに「霊」の文字を宛てるということは、少なくともその初期の頃は、かなり意識的な、敢えてする行為であったろう。憶良は、大和言葉の歌の文脈の中に「霊」の文字を置いたすぐ後で、わざわざその説明を、漢文で付け加えなければならなかった。おそらく、漢字、漢文に通じていた憶良であればこそ感じ取った、漢字「霊」と、大和言葉の「タマ」との概念のズレが、ここに現れていたのである。

しかし、憶良は、「コトタマ」という言葉で、「タマ」を、敢えてここの一、二の説明の「かみ。イ、八方の神。ロ、天神。ハ、雲の神。二、くしび。すぐれて神妙なこと。」の意味に近づけて詠もうとしていた。「好去好来の歌一首、反歌二首」である。

神代より　言伝て来らく　虚みつ　倭《やまと》の国は　皇神《すめかみ》の　厳《いつく》しき国　コトタマ（言霊）の　幸はふ国と　語り継ぎ　言ひ継がひけり　今の世の　人も悉《ことごと》　目の前に　見たり知りたり　人多《さは》に　満ちてはあれども　高光る　日の朝廷《みかど》　神ながら　愛《めで》の盛りに　天の下　奏《まを》し給ひし　家つ子と　撰び給ひて　勅旨《おほみこと》　反して、大命といふ　戴き持ちて　唐《もろこし》の　遠き境に　遣はされ　まかり坐《いま》せ　海原の　邊にも奥にも　神留《づま》り　領《うしは》き坐す　諸《もろもろ》の　大御神等　船軸《ふなのへ》に　反して、ふなのへにと云ふ　導き申し　天地の　大御神等　倭の　オホクニミタマ（大国霊）　ひさかたの　天の御空《みそら》ゆ　天《あま》翔《がけ》り　見渡し給ひ　事了り　帰らむ日は　また更に　大御神等　船舳に　御手打ち懸けて　墨縄を　延《は》へたる如く　あちかをし　値嘉《ちか》の岬《さき》より　大伴の　御津の浜辺に　直泊《ただは》てに　御船は泊《は》てむ　恙《つつみ》無く　幸《さき》く坐《いま》して　早帰りませ

（八九四）

反歌

大伴の御津の松原かき掃きて吾立ち待たむ早帰りませ　（八九五）

難波津に御船泊てぬと聞え来ば紐解き放けて立走りせむ　（八九六）

天平年間、遣唐使を送った歌である。憶良じしん、唐に遣わされた経験がある。大和朝廷の忠実な役人であった憶良が、一途に、「神代より　言伝て来らく……皇神の　厳しき国」と天皇家賛美の言葉を並べて、その文脈の背景から、コトタマを、ひたすら高く、観念の世界に持ち上げようとつとめている。そのきわめて意識的な作為によって、コトタマは、中国語の「霊」に近いような呪術、信仰の言葉に導かれようとしている。洋行帰りの知識人憶良は、当時の先進文明の高級概念「霊」に強く惹かれて、結局「霊《タマ》」という「秘」をつくり出していた。

V

そこで、コトタマという、古代大和のもう少し以前の用法に帰って考えてみよう。

前掲の人麻呂歌集のコトタマの長歌を、もう一度引用しよう。これは、上述の憶良の「好去好来の歌」のいわば本歌であった、と考えられる。ここでもコトタマの「タマ」に「霊」の字が宛てられているが、これは、中国語の「霊」の概念に倣った用法ではなく、基本的には、大和言葉の「タマ」の用法の中から育っていた観念化された「タマ」であろう。本章の始めで説いたように、具象語「タマ」と観念語「タマ」とが連続している言葉である。その観念語「タマ」が、漢字の心得のあった作者によって、「霊」と表記されたのであろう。

葦原の　瑞穂の国は　神ながら　コトアゲせぬ国　しかれども　コトアゲぞわがする　コト幸《さき》く　まさきくませと　つつみなく　さきくいまさば　荒磯波《ありそなみ》　ありても見むと　百重波　千重波しきに　コトアゲす吾は　コトアゲす吾は　(三二五三)

反歌

しき島の倭《やまと》の国はコトタマ(事霊)のさきはふ国ぞまさきくありこそ　(三二五四)

「コト」は「言」であり、「事」でもあった。そして、その「タマ」は、「玉」であり、「霊」でもあった。これらの漢字のうち、とくに「霊」は、おそらくもっとも早い頃、「タマ」に宛てられた「霊」であり、漢字「霊」の概念と重なるところはあっても、その共通部分は少なかった。その意味は、漢字によって考えるよりも、大和言葉「玉」や「珠」の観念的に抽象化された過程で捉えなければならない。作者はおそらく柿本人麻呂で、詠んだ時期は、憶良が活躍した八世紀前半より以前の七世紀末頃であろう。

この歌が詠まれた状況は、おそらく「百重波　千重波しきに」船出する人を見送る場面で、「コト幸く　まさきくませ」と「コトアゲ」する。「コト」はいっそう大事な場面である。こちら側の、「コトタマのさきはふ国」から、その大事なコトを送るのである。

コトは、事をひき起こす、と言うよりも、すなわち事である。うかつに口にすべきではない。コトはタマのように堅く、確かで、大切である。そしてまた、いのちのように生きている。その後、平安時代には、「言の葉」と言われ、コトは葉のように軽く、風とともに飛び去っていく。それは今日の私たちの「言葉」に受け継がれている。

しかし、古代大和では、コトはタマであった。タマのように、いのちのように、と言うより、「ように」を除いて、コトタマはそのままで、確かで、大切で、生きている。それは、おそらく、呪術でもなく、信仰でもなかった。

第六章　古代大和の翻訳語

1　翻訳語「天《アマ》」

I

「霊」を「タマ」とよんでいたように、古代大和の人々は、「天」という中国渡来の観念語に「アメ」とか「アマ」という言葉を宛ててよんでいた。とくに『古事記』、『日本書紀』には、この例は非常に多い。

『記』、『紀』の「天《アメ》」、「天《アマ》」については、文献学者、津田左右吉の考察がすでにある。その豊富な検証の、ほんの一部を見てみよう。

……天の字がシナ思想によって書かれてゐることの最も著しい例は、スサノヲの命の昇天の條のはじめの部分に見えるイサナキの命に関する一節のうちに「登天報命」とあるそれである。此の一節が、内容に於いても文体に於いても、前後の部分とは全く連絡が無く、シナ思想に基づいて書かれた漢文であり、書紀の編者がもとからあった物語の中間に挿入したものである……

（『津田左右吉全集　第二巻』岩波書店、一九六三年、三二二頁）

……第一、朝廷に於いて天の神の祭祀といふものは行はれず、天の神と称すべきものすらも殆ど無かったのである。日本の民族が天そのものを神としたことは固より無く、上帝に比すべき神をも持たなかったから、朝廷に於いてもさういふ神の祭られたはずのないことは、いふまでもあるまい。上代人の一般の信仰として日は崇拝せられたに違いなく、朝廷に於いても大化以前には日祀部といふ部司があったことを思ふと、それに関する何等かの儀礼が行はれてゐたであらうが、神祇官の祭祀にはそれを継承したものと見なすべきことが無いから、大化以後にはそれも廃れたやうであり、さうしてアマテラス大神は、日そのもの、即ち太陽神、としてよりは、皇祖神として祭られたのである。月も民間信仰としては神とせられてゐたかも知れぬが、朝廷の儀礼としては月の神の祭祀があったやうには見えぬ。……

（同書、三三五頁）

……なほ民間信仰に於いて星を神として崇拝した形跡は全く見えず、農業を生活の基礎としながら、天に雨の神があるといふやうなことも考えられなかった。雷は民間に於いては神とせられたやうであるが、それも天の神として祭られたかどうかは疑はしい。雷を祭った神社はあったらしいが、それは落雷の場所に於いてではなかったらうかと憶測せられる。さうして朝廷の祭祀とても、かういふ一般の信仰の基礎の上に立てられたものであるとすれば、天の神の祭祀といふべきものが殆ど無かったことはおのづから推測せられるので、現に神祇令の規定にもさういふことは見えず、またそれは、大体において古くからの習慣の継承せられたものと見なされる。

(同書、三三五―六頁)

……ところが、天の神については、神代史の上でも宗教的意義に於いて明かにさう見なすべき神は、日そのものとしての日の神(或はそれと月と)の外には無く、朝廷の祭祀の対象としての天の神に至っては殆どそれが無かったのである。アメノミナカヌシの神の如くシナ思想に由来のある天の神が神代史に現はれてはゐるが、それは宗教的に崇拝せられるやうにはならなかった。同じやうにして現はれたタカミムスビの神、カミミムスビの神は、後には宮中の八神のうちに加へられ、宗教的意義に於ける神としての性質を与へられるやうにもなったが、其の場合には天の神としてではなかったらしく、それは其の他のものが天とは何の関係も無いこの八神の列に入ってゐることからも、推測せられる。要するに、朝廷に於いて祭られる神にはシナ思想に於ける天神の観念にあてはまるものは殆ど認められない。

（同書、三三七頁）

以上の引用で分かるように、「アメ」、「アマ」という大和言葉は、中国語の「天」を意識して使われ、しかも、そのもとの意味は殆ど伝えていなかった。であるにも拘わらず、「天《アメ》」「天《アマ》」は、『記』、『紀』などの文中では、きわめて頻繁に使用されていたのだった。

およそ翻訳語が、とくに観念的な意味の言葉では、そのもとの意味を殆ど伝えず、あるいは不完全に伝えたままで、しかも流行語のようにきわめて頻繁に使用されるという現象は、とりわけ日本における、歴史を一貫した特徴なのである。とくに近代以後における、西洋語からのさまざまの翻訳語、たとえば、「権利」、「自由」、「社会」、「恋愛」、「彼、彼女」などについては、これまでに私は著書で繰り返し説いて来ているので、ここでは取り上げない。その同じ文化現象は、すでに古代から始まっていたのだった。

では、「アメ」、「アマ」の、古代大和におけるもとの意味はどうだったのか。『万葉集』には、それを窺わせる用例がいくらかある。そういう例を取り上げて考えてみよう。

II

『万葉集』にも、以上のような、『記』、『紀』で多く使われていた「天《アメ》」や「天《アマ》」を頻繁に用いた歌の例はある。次はその代表的な例である。

日並皇子尊《ひなみしのみこのみこと》の殯宮《あきらのみや》の時、柿本朝臣人麿の作れる歌一首並に短歌

天地《アメつち》の　初《はじめ》の時　ひさかたの　天《アマ》の河原に　八百万　千万神の　神集《かむつど》ひ　集《つど》ひ坐《いま》して　神分《かむはか》り分《はか》りし時に　天照《アマてらす》す　日女尊《ひるめのみこと》　一に云ふ、さしのぼる日女の命　天《アメ》をば　知らしめすと　葦原の瑞穂《みずほ》の国を　天地《アメつち》の　依り合ひの極《きはみ》　知らしめす　神の命《みこと》と　天雲《アマぐも》の　八重かき別きて　一に云ふ、天雲の八重雲別きて　神下《かむくだ》し　坐《いま》せまつりし　高照す　日の皇子は　飛鳥《とぶとり》の　浄《きよみ》の宮に　神ながら　太敷《ふとし》きまして　天皇《すめろぎ》の　敷きます国と　天《アマ》の原　岩戸を開き　神上り　上り坐しぬ　一に云ふ、神登りいましにしかば、我が大王《おほきみ》　皇子《みこ》の命《みこと》の　天《アメ》の下　知らしめしせば　春花の　貴《たふと》からむと　望月《もちつき》の　満《たた》はしけむと　天《アメ》の下　一に云ふ、食国《をす》　四方の人の　大船の　思ひ憑《たの》みて　天《アマ》つ水仰ぎて待つに　いかさまに　思ほしめせか　由縁《つれ》もなき　真弓《まゆみ》の岡に　宮柱　太敷《ふとし》き坐《いま》し　御殿《みあらか》を　高知りまして　朝ごとに　御言問はさぬ　日月の　数多《まね》くなりぬる　そこ故に　皇子《みこ》の宮人行方しらずも　一に云ふ、さす竹の皇子の宮人ゆくへ知らにす　（一六七）

反歌二首

ひさかたの天《アメ》見るごとく仰ぎ見し皇子《みこ》の御門《みかど》の荒れまく惜しも　（一六八）

あかねさす日は照らせれどぬばたもの夜《よ》渡る月の隠《かく》らく惜しも　（一六九）

何と、「天《アメ》」、「天《アマ》」の洪水である。ここには「天《アメ》」、「天《アマ》」が一二例ある。その用例の意味は、津田の指摘するように、ほとんど無意味である。美称である。「天」という漢字に宛てた翻訳語であった。

この歌は、天皇家の皇子に捧げられた挽歌であった。天皇という言葉の「天」もそうだが、天皇制が、翻訳語をいわば要請していたのである。憶良の「好去好来の歌」の背景にも同じような事情がある。この事情については、終わりの第十章で詳しく論じる。

しかし、この歌のような翻訳的「天《アメ》」、「天《アマ》」は、『万葉』全体で見ればむしろ例外である。『万葉』には、こういう翻訳的用法とは別の、大和言葉伝来と思われる「天《アメ》」、「天《アマ》」の用例がある。とくに古語とされる「天《アマ》」の方である。それをいくつか見てみよう。

前記の歌と同じ柿本人麻呂の作歌だが、恋人と別れて帰り道でよんだ長歌である。

　つのさはふ　石見の海の　言《こと》さへく　韓《から》の崎なる　いくりにそ　深海松《ふかみる》生《お》ふる　荒磯《ありそ》にそ　玉藻
は生ふる　玉藻なす　靡《なび》き寝《ね》し児を　深海松の　深めて思《も》へど　さ寝し夜は　幾《いく》だもあらず　這《は》
ふ蔦《つた》の　別れし来れば　肝《きも》向ふ　心を痛み　思ひつつ　かへりみすれど　大舟の　渡《わたり》の山の　黄《もみ》
葉《じば》の　散りの乱《まが》ひに　妹が袖　さやにも見えず　嬬隠《つまごも》る　屋上《やかみ》の　一に云ふ、室上山　山の　雲間
より　渡らふ月の　惜しけども　隠《かく》ろひ来れば　天《アマ》つたふ　入日さしぬれ　大夫《ますらを》と　思へる吾も
敷栲《しきたへ》の　衣の袖は　通りて濡《ぬ》れぬ　（一三五）

これは一転して、嘆きの場面に身近に現れた「天《アマ》」である。そして、これは上空に青々と広がる「天」ではない。「天《アマ》つたふ　入日さしぬれ」というので、薄暗く、狭く、低く、もの悲しい「天《アマ》」で

あって、その下で、作者人麻呂は、「衣の袖は　通りて濡《ぬ》れぬ」と泣いている。
『万葉集』に多く詠まれている「天《アマ》」は、ほとんど同じように、薄暗く、もの悲しい場面の背景にある。それは、「天雲《アマぐも》」、「天離《アマざか》る」のような成句で使われる例が多い。

天雲の棚引く山の隠《こも》りたる吾が下ごころ木《こ》の葉しるらむ　（一三〇四）

天雲のたゆたひやすき心あらば吾をな憑《たの》め待てば苦しも　（三〇三一）

天離《アマざか》る鄙《ひな》の長道《ながぢ》を恋ひ来れば明石の門《と》より家のあたり見ゆ　（三六〇八）

『岩波古語辞典』には、「天雲《あまぐも》」について、こう解説が載っている。

あまくも【天雲】天の雲。雲。大空遙か遠くにみえ、おぼつかなくただよってゆく意で用いられることが多い。

として、『万葉集』からのいくつかの用例が引用されている。
いったい古代大和の人々にとって、「アメ」、「アマ」とは何だったのだろう。『万葉』でもやはり

「天」という漢字を宛ててはいる。

大修館の『大漢和辞典』で見ると、「天」の説明には、こうある。中国文献からの引用例は省略して、説明文だけを引用しよう。


【天】テン〔一〕一、あめ。そら。イ、顚（至上無上）の意。……ロ、顕（あきらか）の意。……ハ、坦（おほきい）の意。……ニ、気が集積してできたもの。……二、天体。又、其の運行。……三、太陽。……四、宇宙の主宰者。造化の神。神・鎮（しづめをさめる）の意。……五、自然。無為自然の道。……六、君。王。帝。……七、父。又、夫。……八、たのみとすべきもの。……（以下省略）

どうやら、大和言葉の「アマ」と、中国語の「天」とは、まったくと言っていいほど違っていた。「アマ」は、古代大和の人々の上を覆っていた。たいていは雲に覆われていた。その向こうの青い空には、人々はあまり関心がなかった。「アマ」は「雨」とも同じ語源で、雨の降るところ、すなわち「アマ」であったようだ。大和の人々の生活空間は、地上のすぐ向こうは山で囲まれていた。広大な大陸に住む人々の生活空間とは全く違っていた。山にも野にも草木は繁茂し、川が流れ、花も咲いていた。地上は十分豊かで、それ以上の上空に関心は向かわなかった。

そして、その地上が行き詰まったとき、人は悲しい目で上の彼方を窺った。しかし、その視線は白い雲のあたりまでで、それより遠くまでは及ばない。すぐまた地上の、身のまわりに帰って、嘆いていた。

2　翻訳語「世間《ヨノナカ》」

翻訳語「天《アメ》」、「天《アマ》」の特徴を、伝来の大和言葉「アマ」と比較することで、考えてみた。同じような方法で、翻訳語と考えられる「世間《ヨノナカ》」という言葉の用法を、大和言葉「ヨ」の言葉遣いと比較してみたい。

I

『万葉集』を通じてヨノナカという言葉が四五例使われている。この言葉については、私はすでに前述の自分の著書に書いているのであるが、本書の考察に関係が深い言葉なので、ここで改めて、もう少し要領よくまとめて、紹介したい。

『万葉集』では限られた範囲の人々によって、ヨノナカという言葉が目立って多く詠まれている。しかもその用例がかなり特異である。素朴な心境を詠んだ歌が多い中で、ヨノナカを詠み込んだ意味内容は、一見すると、仏教思想を語っていて、哲学的で深刻なようにみえる。この背景を探りたい。

ヨノナカの表記は、「世間」「世中」「俗中」などであるが、「余能奈可」や「余乃奈迦」のような借音文字もある。中でも「世間」という漢字の例がとくに多い。四五例中、三三例ある。借音文字を多く用いた歌の表記の中でも、ヨノナカがとくに世間と漢字で書かれている例もいくつかある。

山上憶良が、「哀世間難住歌一首（世間に住み難きを哀しむ歌一首）」と題して詠んだ長歌がある。この歌は、題辞に「世間」という漢字があり、歌の中では、「世間」の一つと「年月」、「手」、「袖」だけが表意の漢字で、長い長歌の他の表記は、二つの「ヨノナカ」も含めて、すべて借音の漢字で書かれている。憶良は漢籍にも詳しい当時の知識人で、『万葉集』に残されている表記法は、憶良じしんの書法を伝えていると考えられる。今、表意の漢字以外の、借音表記の漢字は、すべてひらがなで書いておこう。

世間の　すべなきものは　年月は　ながるるごとし　とりつづき　おひくるものは　ももくさに
せめよりきたる　をとめらが　をとめさびすと　からたまを　たもとにまかし　或有此句云　しろ
たへの　袖ふりかはし　くれなゐの　あかもすそびき　よちこらと　手たづさはりて　あそびけむ　と
きのさかりを　とどみかね　すぐしやりつれ　みなのわた　かぐろきかみに　いつのまか　しも
のふりけむ　くれなゐの　一云　にのほなす　おもてのうへに　いづくゆか　しわがきたりし　一
云　つねなりし　ゑまひまよびき　さくはなの　うつろひにけり　ヨノナカは　かくのみならし　ますらをの
をとこさびすと　つるぎたち　こしにとりはき　さつゆみを　たにぎりもちて　あかごまに　し
づくらうちおき　はひのりて　あそびあるきし　ヨノナカや　つねにありける　をとめらが　さ

なすいたどを　おしひらき　いたどりよりて　またまでの　たまでさしかへ　さねしよの　いくだもあらねば　たつかづゑ　こしにたがねて　かゆけば　ひとにいとはえ　かくゆけば　ひとににくまえ　およしをは　かくのみならし　たまきはる　いのちをしけど　せむすべもなし

（八〇四）

こういう表記法からみると、世間という漢語がまず漢籍から取り入れられていて、これに対してヨノナカという大和言葉が宛てられた、と考えられる。ヨノナカという大和言葉は、『万葉集』の用例以前にはない。ヨ・ノ・ナカという三つの言葉からの複合語であるが、世間という漢語に対して造語された言葉であろう。ヨノナカとは、世間という漢語の訓読語であったわけだが、言い換えれば、この時代における翻訳造語であった、と考えられる。

ヨノナカという言葉を詠み込んだ歌の作者についてみると、山上憶良がとくに多く、ほかに大伴家持、大伴旅人《たびと》などで、この人たちは中央政府の役人であり、またこの時代を代表する知識人であった。漢籍に通じていて、世間という漢語は当然知っていたはずである。

『万葉集』における「世間」の由来は、ほとんど仏教用語からである。この作者たちより以前であるが、『万葉集』の初期の頃には、聖徳太子が活躍していた。太子は十七条憲法や、『三教義疏《さんぎょうぎしょ》』などの著者である。漢籍、仏典に詳しく、その「世間虚空《せけんこけ》、唯仏是真《ゆいふつぜしん》」という文句は当時もよく知られていたようで、万葉歌人たちのヨノナカにも影響していたであろう。

仏教用語以外からの由来として例外は、憶良の「惑《まど》へる情《こころ》を反《かへ》さしむる歌」と題して、儒教道徳を説いた漢文の序文に続く長歌である。

父母を　見れば尊し　妻子《めこ》見れば　めぐし愛《うつく》し　ヨノナカは　斯《か》くぞ道理《ことわり》……　（八〇〇）

この「ヨノナカ」は、珍しく肯定的な意味で使われている。

しかし大多数の『万葉集』のヨノナカという言葉が詠みこまれているのは、恋人など親しい人の死に出会った悲しみなど、人のヨを否定する意味で詠んだ歌である。

柿本人麻呂に、妻の死を嘆いて詠んだ長歌がある。

現身《うつせみ》と　念《おも》ひし時に　手携《たずさ》へ　吾が二人見し　出で立ちの　百枝槻《ももえつが》の木　こちごちに　枝させる如　春の葉の　茂きが如　念《おも》へりし　妹《いも》にはあれど　憑《たの》めりし　妹にはあれど　ヨノナカを背《そむ》きし得ねば　かぎろひの　燃ゆる荒野に　白妙の　天領巾《あまひれ》隠《かく》り　鳥じもの　朝立ちい行きて入日なす　隠《かく》りにしかば　吾妹子《わぎもこ》が　形見に置ける　若き児の　乞ひ泣く毎に　取り与ふ　物し無ければ　男じもの　腋《わき》ばさみ持ち　吾妹子と　二人吾が宿《ね》し　枕づく　嬬屋《つまや》の内に　昼はもうらさび暮し　夜はも　息づき明《あ》かし　嘆けども　せむすべ知らに　恋ふれども　逢ふ因《よし》を無み大鳥の　羽易《はがひ》の山に　吾が恋ふる　妹は坐《いま》すと　人の言へば　石根《いはね》さくみて　なづみ来《こ》し　吉《よ》く

もぞなき　現見《うつせみ》と　念《おも》ひし妹が　……（二一三）

家持が、「悲緒《かなしび》未だ息《やす》まず、更《また》作れる歌五首」と題した作の一つ。

ヨノナカし常斯くのみとかつ知れど痛《いた》き情《こころ》は忍びかねつも（四七二）

家持の女友達、坂上大嬢が、家持に送った歌。

ヨノナカし苦しきものにありけらく恋に堪へずて死ぬべき思へば（七三八）

大伴旅人が、凶問に報えた歌。

ヨノナカは空《むな》しきものと知る時しいよよますます悲しかりけり（七九三）

前掲の憶良の作歌の「世間」もそうであるが、ヨノナカという言葉は、ほとんどの場合、「すべなきもの」とか、「背きし得ねば」、「常斯くのみ」、「苦しきもの」、「空しきもの」というような、決まり文句のように否定的な意味の文脈で使われている。前掲の憶良の「ヨノナカは　斯くぞ道理《ことわり》」の歌で、唯一肯定的な意味でヨノナカが使われていたのは、儒教の知識に詳しい知識人の例外的な用法であったことが理解できる。

逆に言えば、愛する人が死んで悲しいときや、思い通りにならないときなど、決まり文句としてヨノナカという言葉が用いられたのであって、およそヨノナカについて考えてこの言葉を使ったとは思えない。ここに引用した人麻呂の歌の嘆きは、言葉の響きも美しく、その嘆きは切々と伝わってくるが、その中でも、「ヨノナカ」という言葉は空しい。

こういう意味希薄なヨノナカという言葉が、当時の知識人を中心として、流行語のように盛んに使われていた。

II

「ヨノナカ」という言葉は、ヨ・ノ・ナカという大和言葉からの複合語であった。

この「ヨ」という言葉について、『岩波古語辞典』を見てみよう。引用例は省略して、解説の部分だけを紹介しよう。


よ【代・世】《ヨ（節）と同根か》❶人間の生れて死ぬまでの間。①一生。生涯。……②寿命。……③年。……④一支配者の統治が続く期間。治世。……⑤朝廷。天皇。……❷①過去・現在・未来の三世のおのおの。……②時節。季節。おり。……❸人間が一生の間生きて居る社会。また、そこでの人間関係。……①世間。世の中。……②俗世。……③世界。……④世間一般。世の常。……⑤身の上。境遇。……⑥時世。……⑦男女の仲。夫婦の関係。…… …… ……

以下、解説は続くが、時代順に並んでいて、『万葉集』の時代の用例にあてはまるのは、このくらいまでである。前掲の「ヨノナカ」という言葉の中に生きている「ヨ」の意味は、ここでは❸の解説が該当するだろう。

大和言葉の伝来の「ヨ」の意味を伝えている用例は、『万葉集』や、それと同時代以前の作にあって、この解説では、❶に該当している。その例をいくつか見てみよう。

『古事記』の歌謡にある作である。

奥つ鳥　鴨着く島に　我が率寝し　妹は忘れじ　ヨのことごとに　（歌謡番号九）

次の二つは『万葉集』の作者未詳歌である。

生けるヨに恋とふものを相見ねば恋のうちにも吾ぞ苦しき　（二九三〇）
海《あま》をとめ潜《かづ》き取るとふ忘れ貝ヨにも忘れじ妹が光儀《すがた》は　（三〇八四）

次の二つは東歌である。

足柄《あしがり》の土肥《とひ》の河内《かふち》に出づる湯のヨにもたよらに児《こ》ろがいはなくに　（三三六八）

筑波嶺《つくばね》の石もとどろに落つる水ヨにもたゆらにわが思はなくに　（三三九二）

次は、防人歌。

わが妻はいたく恋ひらし飲む水に影さへ見えてヨに忘られず　（四三二二）

以上で、表記は「代」か借音字の「余」であるが、作者ではなく編集者の記述であろう。「ヨノナカ」の作者とは対照的に、無名の民衆の、素朴な心を詠んだ作であることが目を引く。言葉遣いでは、「ヨに」、あるいは「ヨにも」として、後に打ち消しがくる型が多い。この言葉遣いのうちに、作者の「ヨ」に懸けた想いがこめられている。生きている限り、ということで、改めて自分のいのちを見返す気持ちが伝わってくる。

第七章　密　教

1　舶来文化、密教

「秘」は、受け取り手の側から始まる。よく分からないが、何やら優れた、立派なものがある、という受け取り方である。異文化を先進文化として受け取った人々がその典型であろう。そして、その後かなり時間が経過して後、「秘」の送り手が出現する。世阿弥はその典型的送り手であった。世阿弥はきわめて意識的な、醒めた「秘」の作者であったが、おそらく、秘の受け取り手から、秘の送り手が現れる中間あたりの段階で、無意識の秘の作者、あるいは、意識と無意識の境目あたりの秘の作者がいたであろう。

そのような境目あたりに、日本密教の創設者がいた。

密教とは、秘密の教えということである。

密教とは、顕教に対する言葉で、密教の立場から言うと、仏教の初め、仏陀の説いた教えを顕教という。人間仏陀、釈迦族のゴータマ・シッタルダは、迷える人々に悟りを説き、ヒンドゥー教の儀式や、御利益追求の土着の信仰などを退け、仏陀じしんを拝むことも弟子たちに戒めていた。成仏、つまり仏に成るとは、すなわち悟りを開くことにほかならなかった。

これに対して、密教は、同じように仏教とは言っても、仏陀の説いた教えとは対蹠的なほどに異なっていた。初めにおいて拝むのは、人間ならぬ大日如来である。大日如来は、法身《ほっしん》と言って、全宇宙の唯一の絶対者であり、目にも見えず、姿もないとされる。その点だけ見ると、一神教に似ているところがある。後世、戦国時代にキリシタンの宣教師が渡来したとき、キリスト教の「神」はやがて「デウス」と呼ばれるようになるのだが、その初期の頃、「ダイニチ」と訳されていたことがあったのも、一応もっともだった、とも言える。

しかし、大日如来は、精神界、物質界の森羅万象に姿を変えて現れる。宇宙を構成する六大、すなわち地水火風空識も、大日如来の法身とされる。もろもろの仏、菩薩、明王、天などは、大日如来の化現であるとする。曼陀羅《まんだら》はその表現である。その点では、むしろ汎神論である。

日本の密教は、ほぼ同じ頃に現れた、比叡山延暦寺の最澄と、高野山の空海の二人が創設者である。二人は同じ遣唐使船の船団の別の船で唐に渡っていた。最澄は、天台宗を中心に学んでいるが、霊巌寺順暁《じゅんぎょう》から密教を学び、灌頂《かんじょう》を受けている。他方、空海はもっぱら密教を学び、膨大な量の密教教典を持ち帰った。最澄は帰朝してから、自分の密教研究は不十分であったと覚り、空海のもとにあった教典を借り受けて読み、また、空海から直接灌頂を受けていた。最澄の比叡山延暦寺では、その後、弟子たちが密教の教えを発展させて「台密」と言われ、空海の高野山の「東密」と並び称された。

ここでは、以下、日本的密教のいわば本流として、空海の密教を考察していきたい。

空海の説く真言密教では、「即身成仏」と言って、修行によって、この「身」がそのまま、大日如来に一体化できる、と説く。修行者は、こうして、一神教的絶対者と、汎神論的全宇宙に一体化できる、と言う。

とりわけ、後に詳しく述べるが、修行者は、たった一つの文字のうちに全宇宙、最高の絶対者を見ると言うのである。これは、日本における真言密教の、きわめて特徴的な教えであった。そのような教え、そのための儀式は、「秘」密にならざるを得ない。

密教の儀式は、この法身と一体化する観相法であって、厳粛に定められている。曼陀羅を掲げ、護《ご》摩《ま》を焚き、定められた供物を捧げ、結跏趺坐《けっかふざ》して、手に印契を結び、口に陀羅尼《だらに》と言われる呪文を唱え、瞑想する。こういう儀式の「形」の彼方に、やがて無限の「意味内容」が出現するはずである。

これは、受け取り手における「秘」、「予感される秘」の文化の典型的なすがたであった。

密教は、もともとインドのヒンドゥー教から生まれている。そして八世紀の頃、インドから渡来した善無畏《ぜんむい》などによって、大日経などとともに中国の唐に伝えられた。中国における密教の繁栄は、大和にも聞こえていて、九世紀には、最澄と空海が密教勉学を志して留学した。密教は、当時の最新の舶来文化なのであった。

2　「秘」の教え、真言密教

空海の「即身成仏」のような神秘的な思想は、どこから生まれたのだろうか。それは、第一にはインドにおける密教の成立そのものからであったが、もう一つには、日本密教、とりわけ真言密教の成立の事情に由来していた、と考えられる。

密教がインドで成立した経緯については、『仏教辞典』に簡潔な説明があるので、紹介しておこう。

密教はヴェーダなどを生み出したバラモン経（婆羅門経《ばらもん》）を主体とするアーリヤ文化と、モエンジョダーロやハラッパーなどに遺品を残すインド原住民の非アーリヤ文化をともに継承し、ヒンドゥー教と共通の基盤の中で、大乗仏教の一環として生育した。呪法、儀礼、パンテオン（万神殿）などの中に、ヒンドゥー文化の濃厚な痕跡が認められるが、七世紀以降のインド密教では、それらを大乗特有の思想によって意義づけ、仏教化している。土着の宗教や文化との融合は、インドのみならずアジア各地に密教が伝播する過程で盛んに行われ、〝神仏習合〟の形をとって各地の民族宗教と一体化して展開した。

手に印契《いんけい》（印相《いんそう》）を結び、口に真言を唱え、心を一点に専注する三密の瑜伽《ゆか》行を通じて、マクロコスモスとしての仏とミクロコスモスとしての行者《ぎょうじゃ》の一体化をはかり、現存在である人間が絶対の存在である大日如来と本質的に異ならないことを知るところに〝即身成仏《そくしんじょうぶつ》〟が果たされると説く。

現実世界が絶対世界に他ならないとする思想は、現実世界の一事一物を絶対世界の具体的な表現とみる象徴主義と結びつき、また徹底した現実肯定の哲学を生み出した。

（中村元編『岩波仏教辞典』岩波書店、一九八九年、七六六頁）

また、「真言」という言葉について、同じ辞書はこう説いている。

真言しんごん［s: mantra］本来は『リグ・ヴェーダ』の本集（Rgveda・saṃhitā）を形成する神聖な呪句をいった。サーヴィトリー呪に代表されるそれらは、多く神々に対する呼び掛け、祈願の句であるが、その句それ自体に神聖な力（それが梵《ぼん》（ブラフマン）の語源であるとされる）が宿っており、神々をもその意味のごとくに支配するものと考えられ、この力に依頼して公的私的な祭祀においてバラモン（婆羅門）僧によって誦唱された。この呪句の誦持の習俗が仏教の密教に取り入れられ、中国に伝来した際にその呪句が（真言）と訳されたのである。

（同書、四六〇頁）

空海は、三十一歳のとき、唐に渡って、長安で、このような真言密教に出会ったのである。

八〇四（延暦二十三）年、空海は第十六次遣唐使の留学生として、船に乗った。途中、暴風雨が吹いて、船団のうちの二隻は沈没し、空海の乗った船も予定を外れて、唐の南方の福州の僻地に着いた。ところが、福州の役人は、日本船を怪しんで、上陸を認めない。留学船団の大使は、上陸願いを出したが、相手にされない。この時、空海がそれまで一人で励んできた勉学が生かされた。大使に代わって、上陸の願書を書いたのである。それは見事な文章、書法で、願書を見た唐の役人は直ちに中央と連絡し、留学生一行は都の長安に出発できたという。

以後、二年近くの在唐時代における、空海の人並み外れた秀才ぶりについては、数々の話が伝えられている。

長安に着くと、西明寺に拠点を定め、ここで、インド人僧、般若三蔵《はんにゃさんぞう》と牟尼室利三蔵《むにしりさんぞう》から、仏教経典の書かれている原語である梵語、つまり古代インドのサンスクリット語を学んだ。長安に着いたのが二月で、やがて、空海は、唐における密教の最高の継承者とされた青龍寺の恵果《けいか》を訪れ、その弟子となるのだが、その青龍寺訪問までの期間、梵語の習得に専心したらしい。

青龍寺では、空海は恵果から迎えられた。空海が日本に帰ってきてから書いた『請来目録』では、こう述べられている。

（なお、本書における空海の書物、文章の引用の読み下し文、および現代語解釈文は、『弘法大師　空海全集』〔筑摩書房　一九八四、八五年〕によっている。ただし、読み下し文の難解な語句の一部には、私が書き改めたものもある。）

……和尚たちまちに見て笑を含み、喜歓して告げていはく「我、先より汝が来ることを知りて、相待つこと久し。今日相見ること大いに好し、大いに好し。報命竭《つ》きなんと欲するに付法に人なし。須《すべから》く速かに香花《こうげ》を辧じて、灌頂壇《かんじょうだん》に入るべし」と。

（和尚はたちまちご覧になるや笑みを含んで、喜んで申されました。「私は前からそなたがこの地にこられているのを知って、長いこと待っていました。今日会うことができて大変よろこばしいことです。本当によかった。私の寿命も尽きようとしているのに、法を授けて伝えさせる人がまだおりません。ただちに香花を支度して灌頂壇にはいるようにしなさい。」）

（『全集　第二巻』、五五七頁）

というわけで、空海の秀才ぶりは、たちまち都、長安に広まっていたようで、歓待を受けた。恵果は空海を迎えたその年の末に亡くなるのだが、「報命竭《つ》きなんと欲するに付法に人なし。」と、その死期の近いことを知っていて、後継者を求めていた。そこで、自ら伝承していた密教の教えのすべてを、この異国から訪問した若い聡明な僧に授けた。密教では、灌頂《かんじょう》を授けると言う。以後、半年ばかりの間に、胎蔵界《たいぞうかい》灌頂、金剛界灌頂、そして阿闍梨《あじゃり》位の伝法灌頂が授けられた。

その後、空海は、恵果の死後まもなく青龍寺を去り、唐から離れて、日本に帰った。そのとき、密教関係の莫大な教典、法具などを持ち帰っている。経典一四二部、サンスクリットの真言讃四二部、仏像、曼陀羅などである。こうして、インドから中国へと渡った密教の精髄は、空海によって、日本にもたらされた。

3 自然崇拝の「秘」

空海の創設した日本密教独自の性格の背景には、一つの原因としては、日本古来の伝統的な山川草木の自然崇拝があったと考えられる。

本書では、私は外来文化との出会いを通じての「秘」の思想の考察を中心としているが、ここで、自然崇拝という問題を考えてみると、日本文化の中には、伝統的に「秘」の思想を育む傾向もあった、と考えざるを得ないようである。日本という島国はとりわけ、自然環境に恵まれていて、古来人々は、自分たちの及ばないような力が、自然にあると感じとっていた。たとえば、砂漠の民がその自然環境に感じ取るような人力を超えた凶暴な、あるいは超越的な力とは違って、この島国の自然は、多くの場合は人に対して穏和な恵まれた力として感じ取られていたであろう。その予感が、自然の中の、一本の木や、一つの石ころに形を与えられれば、そこに人力以上の霊力を感じて、拝む。石ころの一つの形 signifiant が、無限の意味内容 signifié を持つ、ということになる。いわゆるアニミズムで、「秘」の思想の一つの原型である。福沢諭吉が少年時代に、お稲荷さんの扉の中に発見した石ころも、あるいはそういうものであったかも知れない。

空海は、こういう日本の自然の山の中で、伝統的な山岳修行者として過ごしていたらしい。四国讃岐の佐伯氏の出で、若い頃の生活については、あまり知られていないが、教典を読み、体は人一倍壮健だったらしく、おもに四国や幾内の山野の霊場を歩きまわって修行に励んでいたようだ。その著書『三経指帰《さんごうしいき》』には、若い頃、山の中で瞑想し、修行が成就したときの心境を語った一節がある。

爰《ここ》に一の沙門有り、余に虚空蔵聞持《こくうぞうもんぢ》の法を呈《しめ》す。其の経に説かく、「若し人、法に依つて此の真言一百万遍を誦《じゅ》ずれば、即ち一切の経法の文義《もんぎ》、暗記することを得」と。焉《ここ》に大聖《だいしょう》の誠言《じょうごん》を信じて飛焰《ひえん》を鑽燧《さんすい》に望む。阿国大滝嶽《あこくたいりょうのたけ》にのぼりよぢ、土州室戸崎《どしゅうむろとのさき》に勤念《ごんねん》す。谷、響を惜しまず。明星来影《らいえい》す。

（ここにひとりの修行僧がいて、私に「虚空蔵聞持の法」を教えてくれた。この法を説いた経典によれば、「もし人が、この経典が教えるとおりに虚空蔵菩薩の真言を百万回となえたならば、ただちにすべての経典の文句を暗記し、意味内容を理解することができる」という。そこでこの仏の真実の言葉を信じて、たゆまない修行精進の成果を期し、阿波の国の大滝嶽によじ登り、土佐の国の室戸崎で一心不乱に修行した。谷はこだまを返し（修行の結果があらわれ）、（虚空蔵菩薩の化身である）明星が姿を現した。

（『全集　第六巻』、五―六頁）

虚空蔵聞持の法を会得するために、深山に入って瞑想していると、谷の彼方から響きが聞こえ、明星が輝いて自分にせまってきた、というのである。自然の中に溶けこむような境地、それが、「法」の極意という。「谷」も「明星」も、大日如来の化身と受け止められたであろう。

密教研究者、立川武蔵は、前掲の『三経指帰』の文章などを引用して、空海における日本仏教のアニミズム的性格を論じている。それが日本仏教の特徴であることについて、こういうことも述べている。

いずれにせよ、空海が伝えた虚空像菩薩の顕現は、インドでできた観想法テキストの述べるところとかなり異なるように思われる。……サンスクリットの観想法の集成『観想法の花環』（サーダナ・マーラー）のどこにも、空海が伝えるような観想法の「成果」は述べられていない。すなわち、星辰や谷などといったいわゆる自然が、観想法の最終的状態の中で浮かびあがってくる、ということは考えられないのである。インドの密教行者が観想法の成果として見るものは、みずからが思い描いた尊格に似たすがたのものである。星や森林そのものを観想法の対象としての尊格としてみなす、ということは考えられない。この事情は、チベットやネパールでも同様である。

（立川武蔵『最澄と空海　日本仏教思想の誕生』講談社選書メチエ、一九九八年、二〇五頁）

4　舶来文字、サンスクリットの「秘」

さて、ここで私の本題に帰って、外来文化との出会いを通じての「秘」の思想の形成について考えていきたい。

空海の「秘」の思想のエッセンスは、サンスクリットの文字についての理論であろう。このことは、空海研究家にも指摘されている。『空海全集』で、『吽字義《うんじぎ》』の解説を書いている小野塚幾澄も、こう言っている。

> 『吽字義』は、真言の本質について明らかにした空海の唯一の著作であり、『声字義』の説く法身説法の思想によって示された声字即実相の世界観を、すべて摂し尽くして余すところのない究極の真言吽字の実義を説くことをもって、より具体的に明らかにしているのであって、ここには有限に即して永遠の絶対界を貫き得る至極の理念と行の極位が、極めて明快に示されているのである。（『全集　第二巻』、六〇九頁）

サンスクリットを悉曇《しったん》で表記するアルファベットは、「阿」で始まり、「吽」で終わる。『吽字義』は、この「吽《うん》」字が、「訶《か》」字と「阿《あ》」字と「汙《う》」字と「麼《ま》」字とからなる、という説に基づいて、これら四字の意味について論じている。

このうち、とくに「阿」字については、密教の歴史の中でも空海以前から繰り返し論じられ、空海じしんも、その著書の至るところで、この文字について述べている。また空海以後、密教修行者にとりわけ大きく取り上げられてきている。多くの密教修行者は、サンスクリットの文字のうち、とくに「阿𑖀」字一字を大きく書いて身辺に掲げたり、礼拝したりしている。

そこで、そのような日本密教の創立者として、空海における「阿」字の意味について考えたい。サンスクリットの一つの文字には固有の意味がある、という考え方は、古来インドでよく行われてきたのだが、空海はこれを受けて、さらに発展させ、神秘主義的言語学をつくり出すのである。空海はどのようにサンスクリットの文字に大きな価値を読みとっていたのか、について掘り下げて考えてみたい。

『吽字義』の中で、「阿」字について、まず『大日経疏』第七を引用して、こう述べている。『大日経疏』は、七世紀にインド人僧善無畏《ぜんむい》が、唐に渡来して『大日経』の解釈として著わした書物である。

……阿字の実義といっぱ、三義あり。いはく、不生の義、空の義、有《う》の義なり。梵本の阿字の如きは本初《ほんしょ》の声あり。もし本初あるは、すなわちこれ因縁の法なり。故に名づけて有となす。また阿とは、無生の義なり。もし法因縁を攬《と》つて成ずるは、すなはち自《みずか》ら性あることなし。この故に空となす。

…… …… ……

……また、いはゆる阿字門一切諸法本不生《ほんぶしょう》とは、凡《およそ》三界の語言《ごげん》はみな名に依る。故に悉曇《しったん》の阿字もまた衆字の母《も》となす。当《まさ》に知るべし、阿字門真実の義もまた、かくの如し。一切法義の中に遍す。

（……阿字の［実義］とは、「（阿字に）三つの［義］がある。つまり、［不生］の［義］と、［空］の［義］と、［有］の［義］である。梵語の阿字には、［本初］の［声（意味）］がある。もし［本初］の意味があれば、これはすなわち［因縁の法］である。この故に［有］と名づける。また阿は［無生］を意味する。もし、ものが［因縁］から成り立っているならば、当然そこには固定的な自性がないことになる。この故に［空］というのである。

…… …… ……

また「［阿字門一切諸法本不生《ほんぶしょう》（阿字によってあらゆるものが本不生であることを観想する）］」といわれるのは、およそこの世の言語はすべて［名（語句）］によって成り立っており、しかも、この［名］は［字］からできている。この故に［悉曇《しったん》（梵字）］の阿字もまた多くの字の母とされるのである。（このことから）阿字の真実の［義］も同様であり、あらゆるものの［義］に遍満していることを知らなければならない。）

（『全集　第二巻』、三〇五―六頁）

以上は、空海が、『大日経疏』の第七を引用しつつ、「阿」字の解釈を中心に述べた文であるが、ここから次に、空海独自の思想が発展していく。

この少し後のところで、空海はこう述べている。

……かくの如く観察する時に、すなわち本不生際《ほんぷしゃうざい》を知る。これ万法の本なり。猶《なほ》し一切の語言を聞く時に、すなわちこれ阿の声を聞くが如く、かくの如く一切の法の生ずるを見る時、すなわちこれ本不生際を見るなり。もし本不生際を見る者は、これ実の如く自心を知るなり。実の如く自心を知るは、すなわちこれ一切智智なり。故に毘盧遮那《びるしゃな》は、唯しこの一字をもつて真言となしたまふ。

（このように観察するときに、［本不生際《ほんぷしょうざい》］という究極的あり方を知る。これがすべてのあらゆるものの根本なのである。ちょうどあらゆる［語言《ごごん》］を聞くとき、その中に阿の声を聞くように、あらゆるものが生じることを見るときにも、［本不生際］という究極的なもののあり方を見るのである。もし、［本不生際］という究極的なもののあり方を見る者は、ありのままに自己の心を見ることになる。ありのままに自己の心を見るということは、すなわち［一切智智

（仏のさとりの智慧）」を得ることである。この故に、大日如来は、この阿字の一字をもって自身の真言とされたのである。）

すなわち、『大日経疏』第七では、「阿字もまた衆字の母《も》となす。」と言っているのだが、空海は「一切の語言を聞く時に、すなわちこれ阿の声を聞く」と拡大解釈している。そして、阿の一字が、悟りの究極であり、大日如来自身の真言であって、「毘盧遮那は、唯しこの一字をもつて真言となしたまふ。」と多分に独断的解釈を述べる。

阿字については、空海はいろいろなところで述べているが、たとえばこういう文もある。〔笠大夫、先妣の奉為に大曼陀羅を造り奉る願文　一首〕と題する手紙文の一節である。

弌阿《いつあ》の本初、性真《しようしん》の愛を吸うて始無く、金蓮《こんれん》の性我《しようが》、本覚の日を孕《はら》んで終《をはり》無きに。

（「阿」という一字の象徴するものが、すべての存在の本体であり、初めである。本来備わっている慈悲が、すべての煩悩をそのまま愛に浄化して、何時始まったかもわからず、金色の仏が蓮華座にあって示されるその本体は、大いなる日輪のような智慧を備えて、いつ終わるとも知れぬという。この真言の教えに及ぶものがあるはずがないのである。）

（『全集　第二巻』、四二五―六頁）

これは、「阿」字についての、まことに一途な賛歌である。

空海は、自分の経文の理解が、経文の原文から離れて独自に飛躍していることを充分意識していたようである。経文の理解に「顕密」二つの読みがあって、『大日経疏』のような文字どおりの解釈が「顕」で、それに対して自分の「密」の理解を立てている。

空海の思想のエッセンスと言われる三部作、『即身成仏義』、『声字《しょうじ》実相義』、『吽字義』の一つ、『声字実相義』で、『大日経』の中で、大日如来じしんの作とされる「頌《じゅ》」の解釈をめぐって、弟子の問いに答える形で、こう述べている。

これに顕密の二つの意《こころ》あり。顕句義《けんくぎ》とは疏家《しょけ》の釈の如し。密の義の中にまた重重横竪《じゅうじゅうわうじゅ》の深意《じんい》あり。……

(これについて、表面的な意味と、秘密の意味とがある。表面的な語義については、『大日経疏』の作者が解釈するとおりである。秘密の意味の中に、さらにいくえにも縦横の深い意味がある。……)

というわけで、空海じしんの解釈を述べる。

もし秘密の釈を作《な》さば、一一《いちいち》の言《ごん》、一一の名《みやう》、一一の成立に各《おのおの》よく無辺の義理を具す。諸仏菩薩、無量の身雲を起して、三世に常に一一の字義を説きたまふとも、猶尚《なおし》尽くすこと能《あた》はじ。何《いか》に況《いは》んや凡夫をや。今、且《しばら》く一偶を示すのみ。

（もし、秘密の意味について解釈するならば、次のようである。真言の一々の文字、一々の単語、一々の句に、それぞれ限りない意味がそなわっている。もろもろの仏や菩薩が、雲のようにはかり知れないほどの身をあらわして過去・現在・未来にわたって休みなく一々の字の意味を説かれても、なお説きつくすことができない。だから、普通の人間にそれがかなわぬことは言うまでもない。今はとりあえず、その一端を示すばかりである。）

（『全集　第二巻』、二七一―二頁）

こうして、「顕」の意味に対して、空海の立てる「密」の意味は、一つ一つの文字の彼方に無限の意味を読みとっていこうとする。空海の言う「密」は、私がここで言う「秘」にほかならない。

5　空海のサンスクリット理解

空海は、唐で、インド人、般若三蔵についてサンスクリットを学んだ。しかし三、四ヶ月後には、そこを離れて恵果のもとに赴き、そこでは多忙であったはずで、おそらくもう、サンスクリットの勉強はわずかな時間の独習しかなかっただろう。当時、日本人僧侶でサンスクリットをまともに習得している者は、空海のほかにはまずいなかったと思われる。そんな環境で、この異国の先進文化の文字は、この後進国の秀才に、どう受け止められていただろうか。

空海のサンスクリット解説書『梵字悉曇字母並釈義』の中に、こういう文章がある。

……然れども梵字梵語は一字の声に於て無量の義を含む。改めて唐言《とうごん》となるときは、但し片《へん》玉《ぎょく》を得て三隅はすなわち欠けたり。故に道安法師は五失《ごしつ》の文を著し、義浄三蔵《ぎじょうさんぞう》は不翻の嘆を興す。この故に真言を伝ふる匠不空《ふくう》三蔵等は、密蔵の真言を教授するにことごとく梵字を用ゐたまへり。

（……しかしながら、梵字梵語は一字の音声に量り知れない多くの意味が含まれている。翻訳して唐語（中国語）になると、すばらしい言葉の一片のみは訳されるが、その他の多くの意味は訳しもれてしまう。だから、道安法師は翻訳に五つの欠点がある意味の文を著わし、義浄三蔵は梵語を完全に翻訳できない嘆きをかこっている。だから、真言密教を伝えた学匠不空三蔵などは、秘密の蔵にある真言を教授するのに、ことごとく梵字を用いられたのである。

（『全集　第四巻』、四一五―六頁）

空海は、漢字、漢文をよく習得していて、中国語も充分こなしていたようである。しかし、サンスクリットはもう一つ彼方の、先進異文化の言葉であった。「梵字梵語は一字の声に於て無量の義を含む。改めて唐言《とうごん》となるときは、但し片玉《へんぎょく》を得て三隅はすなわち欠けたり」とは、先進異文化の言葉を学ぼうとする学習者の陥りがちな先入観である。もし、「唐言」を「梵字梵語」に翻訳しようとすれば、同じような嘆きとなるはずである。近代以後、西洋語、西洋文化を学ぼうとする日本人の多くの学生、研究者にも共通する誤った先入観であった。

いったい、一つの言語の「一字の声に於て」、「無量の義」などは存在しない。あらゆる言語の一語の「義」は有限である。

空海の語学の才能は、確かに人並み外れていた。しかし、サンスクリットをまともに学ぶことができた期間は、あまりに短い。

真言宗の僧侶であり、研究者でもあった田久保周誉は、空海のサンスクリット語学力は不十分であった、ということを、資料にもとづいて述べている。

……『三十帖策子』の第二十三・第二十六・第二十七・第二十九帖は大師の真筆である。その中の梵字は、大師が漢字の名筆たるに反して、余り巧妙な梵字とはいえない。字形を確かめながら遅筆で写され、幼稚な運筆を見せ、文法上の誤謬もないとはいえない。しかしそれだけに、一点一画をおろそかにせずに浄写されているところに、書体の価値を認めることができる。

（田久保周誉・金山正好『梵字悉曇』平河出版社、一九八一年、八〇頁）

6　サンスクリットの背景

サンスクリットは、古代インドの文語であるが、近代にインドがイギリスの植民地となり、植民地支配者とともにやって来た研究者、ウィリアム・ジョーンズ（William Jones 一七四六―九四）が、十八世紀末にサンスクリットと、ヨーロッパ古典語との共通性に注目した。これが近代の比較言語学の始まりで、以後、古代インドと古代ヨーロッパ、中東方面の言語や文字の交流、共通性、さらには、インド・ヨーロッパ間の民族、文化の移動などが、ヨーロッパ研究者によって解明された。

紀元前十五世紀の頃、インドの北西から進出してきたアーリア人は、その宗教、文化、言語、文字などをインド大陸に持ち込んだ。それがサンスクリットという言語と、その表記に使われたブラーフミー文字（Brāhmī）の起源であった。サンスクリットは、古典ギリシャ語やラテン語とは、共通の祖語から分かれたと考えられている。また、ブラーフミー文字は、初期のフェニキア文字に類似しており、そのフェニキア文字からは、古代ギリシャ文字、いわゆるアルファベットが生まれている。たとえば、ブラーフミー文字の文字配列の最初はKを左右逆さにしたような形で、これは、西洋語アルファベットの大文字のAを横にした形と似ている。これはブラーフミー文字を受け継いだ悉曇《しったん》になると、阿の文字は 𑖀 のように、右に一本縦線があって、左側は少し複雑に変化している。

ブラーフミー文字は、今日では、紀元三世紀の頃のアショカ王の碑文などに残されていて、やがて、この文字からインド各地で使われる文字が生まれている。仏教経典の表記に用いられた悉曇もここから生まれた。今日ヒンドゥー語の表記に使われるデバーナガリー文字も、この系譜である。

空海は、サンスクリットを学んで、その文字、とりわけ「阿」字を重視し、以後真言密教で「阿」字の信仰が継承されていくのだが、その起源を、以上のような背景から考えてみたい。

サンスクリットは、紀元四世紀頃、その文法規則が整備され、以後古典語として、教養人たちに受け継がれ、今日にも及んでいる。インドには、もともとアーリア人渡来以前のドラビダ人などさまざまな人種、民族があり、またその言語があるが、その多民族の歴史の中で、サンスクリットは古典語としての地位を保ち続けてきた。たとえば詩人はサンスクリットで書くことで、教養ある人士の普遍的なインド文化のうちに継承されることを願った。そのような背景から、サンスクリットの文字についての特別な敬意が生まれ、そのひとつ一つに深い意味を読み取るという考え方も生まれた。前掲の空海の『吽字義』に引用されていた、インド人僧侶善無畏の書いた『大日経疏』における「阿」字観もその例である。

インドにおけるこのようなサンスクリット観には、一応文法上、言語学上の根拠があった。「阿」字について見ると、阿は、ブラーフミー文字から悉曇に至る文字配列の最初の文字で、これは、古代ギリシャ語のアルファ（α）に対応する。これは、近代ヨーロッパ語で、英語のaにまで受け継がれている。サンスクリットの「阿」には否定の意味がある。これは、近代英語におけるaの働きとほとんど同様である。OEDによると、古代ギリシャ語からラテン語などを介して英語に伝えられた意味として、without, notや接尾語の-lessの意味があり、その例として、amorphous（形のない）、agnostic（不可知論）、asexual（無性の）などが挙げられている。こういう用法から、阿字には「不」、「無」、「空」などの意味があるとされるようになった。

またサンスクリットなどインドでよく使われる言語には、母音aがとくに多い。そこで、ブラーフミー文字や悉曇では、子音の文字は、aを書かないでも、aが含まれているとされた。このことが、『大日経疏』における「阿字門一切諸法本不生」の言語上の根拠となっていると考えられる。すなわち「凡《およそ》三界の語言《ごげん》はみな名に依る。故に悉曇《しったん》の阿字もまた衆字の母《も》となす。当《まさ》に知るべし、阿字門真実の義もまた、かくの如し。一切法義の中に遍す。」という文字観が生まれた、と考えられる。

空海の学習したサンスクリットや悉曇は、このような思想的背景に支えられていた。しかもそれを、未知の世界を仰ぎ見るように熱心に求めていた。語学上の学習は決して充分ではなかった。そこから「これ阿の声を聞くが如く、かくの如く一切の法の生ずるを見る」と言い、「毘盧遮那《びるしゃな》は、唯しこの一字をもつて真言となしたまふ」という拡大解釈が生まれてきたのであろう。

およそ、一つの文化への尊敬の念が強く、その文化、言語をある程度理解するが不十分であるような場合、その先進の文化や言語を過大に評価する傾向が生まれる。私の用語では、これを「カセット効果」と言う。世阿弥の言った、あの「顕はせば、させる事にてもなきものなり。」の「秘」である。

7 その後の文化的影響

サンスクリットの文字崇拝は、その後の真言密教のうちに継承されていった。密教の修行者は、結跏趺坐し、印契を結び、呼吸を整え、精神を集中して、諸仏の世界の絶対的清浄を想い描き、そのただ中に、ついに「阿」字が見えてくる、というような観想法の訓練を行った。

今日の私たちにもなじみがあるのは、墓参りのときによく見る卒塔婆《そとば》に書かれたサンスクリット文字である。書いた僧侶は学習しているからその意味は分かるだろうが、墓参りの一般の人々には、まず意味不明である。しかし意味不明だからつまらない、というのではない。と言うよりも、むしろ意味不明だからこそありがたい、という効果がある。それは、仏教における経文の読経でも同じで、漢文読み下しの読みは、それを聞き入っているたいていの聴衆には、意味不明である。経文をわかりやすい日本語に書いた翻訳も出ているが、葬式とか墓参りとか正式儀礼の場では、それは全く使用されない。聴衆も、意味不明の読経に、今日でもそのまま満足している。すなわち「秘」の効果である。

日本の真言密教は、今日では世界の密教のうちの最大勢力である。生誕の地インドでは、その後イスラム教が入ってきて、寺院中心の信仰である仏教寺院、密教寺院が破壊され、跡が途絶えた。また、中国に伝えられた密教は、恵果の死後ほとんど消滅した。そのほかでは、八世紀に、密教はネパールとチベットに伝えられ、ラマ教となって今日に及んでいるくらいである。日本の真言密教の信徒は、日蓮系、浄土系の仏教徒についで多く、約千三百万人、高野山を中心に日本全国に寺院があって繁栄している。

密教は、日本の文化風土に合っていたという面がある。即身成仏のように、弱い人間が、そのまま絶対者にすくい取られるという教えは、大和の素朴な神信仰とも共通するところがあったのだろう。そして、密教もまた、そのような文化風土をつくってきた、と言えるだろう。

密教は、仏教世界の外にも大きな影響を残している。その一つは神道の形成である。素朴な神信仰は、仏教渡来以前から大和の人々にあったが、神道という理論化された宗教は、密教の影響でつくられた。神は仏の化現であるという本地垂迹説もつくられている。

空海は、高野山の建設に際して、「高野建立の初の結界の時の啓白の文」にこう書いている。

仰ぎ願わくは諸仏歓喜《くわんき》し、諸天擁護し、善神誓願して此の事を証誠《しょうじょう》したまへ。所有《あらゆ》る東西南北四維《しゐ》上下七里の中の一切の悪鬼神等は皆我が結界を出で去れ。所有《あらゆ》る一切の善神鬼等の利益《りやく》有らん者は意《こころ》に随《したが》って住せよ。

（仰ぎ願わくば諸仏も歓喜したまひ、諸天は擁護せられ、善神は誓願をおこされて、この事を成就せしめたまへ。ここの東西南北四方上下七里のうちのすべての邪悪な鬼神などは、みなわが境域から出でて去れ。あらゆるすべての善神鬼などで仏法に利益を与えることのできる神霊の各位は、意のままに住せられよ。）

（全集　第六巻、六一四頁）

空海は、前に述べたように、若いときは山岳修行者として、研鑽を積んでいた。日本の山には、伝統的な神信仰に従って、山ごとに神が住む。「諸天」であり、「所有《あらゆ》る一切の善神鬼等」の世界である。空海の心の奥底には、アニミスティックな自然崇拝が生き続けていて、それがまた、高野山を本拠として求めさせていたのであろう。

しかし他面で、密教は、異国渡来の異文化であり、その異質な特徴を保持し続けてきている。サンスクリットの文字の一見奇怪な、得体の知れないような書体、また密教儀式の絢爛、厳粛な形は、古代大和以来の伝統とは全く異質である。この一見馴染みがたく、大和の人々を拒絶するような舶来の儀式の形が、その彼方の「秘」を予感させる。それは、「秘」の文化の基本構造である。

これまで私は、密教の言葉を中心に考察してきたが、言葉とともに、その儀式がもちろん重要である。すなわち「秘」の儀式である。空海は日本に帰るとすぐに、前述の『請来目録』を書いて天皇に送り、自分の招来した密教の功徳を説いている。

この故に無畏《むゐ》三蔵は王位を捨てて味を忘れ、代宋皇帝は北極を屈して厭《いと》はず。龍智和尚は八百にして老いず。崇恵禅師は耶を摧《くじ》き、傾くを支ふ。法の不思議、豈《あに》此の蔵に過ぎんや。

……　……　……

願はくはこの介福《かいふく》をもって
国泰《やす》らかに人蕃《さか》え
一たび聞き一たび見んもの
並びにことごとく煩《はん》を脱せん

（このために善無畏三蔵は王位を捨てて、密教を修行し弘めるために寝食を忘れました。代宋皇帝は王位にありながら、自らへりくだって不空三蔵に帰依し密教を信仰しました。龍智和尚は八百歳になっても老いることがありませんでした。崇恵禅師は密教の力で邪法をくじき、あやうきをすくいました。真理の教えの不思議なことは、一体この密教に過ぎるものがあるでしょうか。

……　……　……

願わくは大いなるこの福運をもって
国土が安泰で、万民が豊かで幸せになるように
一たびこの密教を聞き、一たび見る人は
おしなべてことごとく煩悩から解脱するであろう）

（『全集　第二巻』、五六二―三頁）

密教は「国泰らかに人蓄え」る教えであると言う。空海のこの説得は効を奏して、中央に招かれ、やがて嵯峨天皇と親交を結ぶ。天皇の病気の時には、病気平癒の加持祈禱をおこない、また雨乞いの祈禱もおこなった。その効果はともかく、曼陀羅を掲げ、護摩を焚き、陀羅尼を唱える厳粛な密教儀式は、人々を惹きつけたに違いない。嵯峨天皇は、密教に帰依はしていないが、空海の熱心な庇護者であった。祈禱の儀式の魅力は、教えそのものよりも強力にはたらいていたのであろう。空海が、高野山の広大な土地を求めたときも、これに勅許を与えている。以後、高野山は「秘」の儀式の中心地となった。

たとえば、密教における修行の基本である「四度加行《しどけぎょう》」について、宮坂宥洪は、空海以来継承されている法を説明し、その始めにこう述べている。

荘厳行者法《しょうごんぎょうじゃ》

行法を開始するにあたって行者自身の心身を整える。いわば客を迎えるための身支度に相当するものであるが、すべての所作に相応の観想が付随する。口を漱《すす》ぎ、浄衣《じょうえ》に着替えて袈裟をつけ、みずから金剛薩埵《こんごうさった》の威儀に住して入堂する。金剛のような堅固な菩提心《ぼだいしん》を本体とする者という意味の金剛薩埵は衆生界を代表し、大日如来から付法《ふほう》される第二祖としての役割を果たす存在であり、また普賢菩薩《ふげんぼさつ》の密号であるとされる。その自覚をもって道場に上がり、壇前にて普礼《ふらい》真言を唱えながら五体投地《ごたいとうち》をしてから着座する。

（宮坂宥洪「密教儀礼の構造」立川武蔵・頼富本宏編『日本密教』春秋社、二〇〇〇年、三〇七頁）

やがて平安時代は、祈禱万能の時代になった。その中心は密教である。祈禱の儀式には、護摩の焚き方など細かい定めがあって、熱心に訓練が積まれていた。加持祈禱には資格が必要である。修行者は、資格のある阿闍梨《あじゃり》の位を争って求め、真言密教は繁栄したのである。

第八章　キリシタンという「秘」

1　邪宗門秘曲

われは思ふ、末世の邪宗、切支丹《きりしたん》でうすの魔法。
黒船の加比丹《かびたん》を、紅毛の不可思議国《ふかしぎこく》を、
色赤きびいどろを、匂鋭《におひと》きあんじゃべいいる。
南蛮《なんばん》の桟留縞《さんとめじま》を、はた、阿刺吉《あらき》、珍酡《ちんた》の酒を。

目見《まみ》青きドミニカびとは陀羅尼《だらに》誦《ず》し夢にも語る、
禁制の宗門神《しゅうもんしん》を、あるはまた、血に染む聖磔《くるす》、
芥子粒《けしつぶ》を林檎《りんご》のごとく見すといふ欺罔《けれん》の器《うつは》、
波羅葦僧《はらいそ》の空をも覗《のぞ》く伸び縮む奇なる眼鏡《めがね》を。

……　……　……
いざさらばわれらに賜へ、幻惑の伴天連尊者《ばてれんそんじや》、
百年《ももとせ》を刹那《せつな》に縮め、血の磔《はりつけ》背にし死すとも
惜しからじ、願ふは極秘《ごくひ》、かの奇《く》しき紅《くれなゐ》の夢、
善主麿《ぜんすまろ》、今日を祈《いのり》に身も霊《たま》も薫《くゆ》りこがるる。

（『日本の詩歌9　北原白秋』中央公論社、一九六八年、九―一〇頁）

北原白秋は、かつてキリシタン邪宗門への遠い夢をこううたっていた。これは、詩人の勝手な空想であろうか。

あの当時のキリシタンたちは、キリスト教の三位一体など基本的な教義もよく理解していなかったと、後世批判されている。すでに仏教は広範な勢力であったし、神道も仏教理論をかりて唯一神道の体裁を整えていた。キリシタンの受容は、多分にこういう既成宗教と混合されて受けとめられていた。たとえば最初のキリシタン大名の大村純忠は、受洗して後も、真言宗の信徒として出家していた。武士は従来の八幡大菩薩に代えて、十字架や数珠を身に付けて合戦におもむいていた。民衆は護身符に代えて聖遺物を求めていた。古代以来、日本人は、仏教も神道も儒教も、それほどの相互矛盾なく受け入れてきた伝統がすでにあったのである。

当時の宣教師の報告によれば、日本人はキリシタンが救済の教えであることに、もっとも期待していた、という。当時、一向宗、すなわち親鸞に始まる浄土真宗が盛んで、ひたすら念仏を唱えることで浄土に救われるという教えは、戦乱に明け暮れた時代の、民衆の不安な心を捉えていたのだが、その救いを求める思考構造がそのままキリシタン信仰の土壌となった、とも言われる。キリシタン宣教師にとって、最大のライバルは一向宗であった、という指摘もある。

宣教師は熱心に教えたはずだが、なんといってもこの島国の人々の数に比べて、その人数は少なかったし、言葉の障害も大きかったはずである。そしてその期間も短かった。ほどなく、厳しい弾圧の時代がやってくる。厳しい禁制のもとでの、人目を忍ぶ宣教の時代である。

にもかかわらず、日本キリシタンたちは驚くほど熱心だった。わずか三十年ほどのうちに、総計で百万ともいわれる信者が出現した。やがて秀吉に始まって、徳川幕府による激しい弾圧の嵐が吹き荒れるのだが、その中で、かえって信者の信仰は強められたとも見られる。逆さ吊りにされて、「転ぶか」と責め立てられるのだが、転ばぬ者が多かった。

この激しい信教殉難史はどこからきていたのか。およそ宗教に無頓着と言われる今日の日本人の先祖たちに、どうしてこういう体験がかつてあったのか。

それまでに知っていた東洋の諸宗教とはまったく異質な一神教との出会い、ということも考えられる。しかし、当時のキリシタンたちの教義の理解は、必ずしも確かではなかったのだ。たとえば、少数の隠れキリシタンたちは、その後、二百年以上の弾圧の中で、ひっそりと、執拗に生き延びるのだが、明治六年、キリスト教が解禁になったとき、改めて渡来してきたカトリック司祭によって、このキリシタンたちの信仰は、洗礼文の文句や、神棚、仏壇を合わせ祀っていることなどから、キリスト教ではない、と評価されるのである。しかもその後、改めて本来のカトリックに立ち戻ることが要求されたが、戻った者もあり、戻らなかった者もあり、近代以後も、カトリックならぬ隠れキリシタンの伝統を受け継いだ者も多かった。

では、いったい基本的な教義理解の不十分さにもかかわらず、殉教に赴くほどの情熱とは、どういうことだったのか。

キリシタン史の研究者、海老沢有道は、こう述べている。

……こうしてパアデレや邦人指導者たちが、デウス論→アニマ論→デウス論と繰返して力説したことは――前述の如く、それだけで初歩的にはキリシタンたり得たとも云えるが――キリスト教の基本的教理であるキリストの十字架において啓示せられたデウスの愛による救いの信仰ないしは体験という重要な面を軽視しないでも、余りそこに力点を置かなかったらしいとの印象を与える。そうだとすれば、パアデレたちが如何に教理を説いたところで、ただ創造主という点が異なるだけで、浄土教的救済を媒介として理解されるにとどまり、キリストによる救いを甚だしく誤解せしめるという重大な課題を残していることになる。

（海老沢有道『日本キリシタン史』塙書房、一九六六年、一二四―五頁）

というわけで、当時のキリシタンの教義理解が不十分であったという事実や通説を認める。しかし、そこからさらに、こう述べる。

……入信の因縁がどうであろうとも、殉教の血を流すまでに徹底したこと。あるいは、あらゆる弾圧に堪えて潜伏し、幕末開国に至るまでその信仰を持続したことは、驚くべきことと云わねばならない。そこにキリシタン信仰の本体が示されている。すなわち仮りに現世利益的観念から入信したものがあったにせよ、彼らがその御利益信仰を超えて、現実には最大の苦難の道をあえて選んだことにある。そこまで至るのには、次に示すような教理が観念的に、あるいは知識的に理解されただけでは到底達せられないところであり、どうしてもキリストによる救贖信仰の徹底なくしては、考えられぬところである。

（同書、一二六―七頁）

しかし、これはどうも無理な意見であろう。「殉教の血を流すまでに徹底」していたから、「キリストによる救贖信仰の徹底」があったに違いない、という論理であって、この後にまだ筆者の説明は続くのだが、どうも無理である。弁護したい気持ちは分かるが、思考の飛躍であろう。

キリシタンたちを捉えていたのは、やはりあの「……極秘、かの奇しき紅の夢」ではなかったか。

そんな怪しげなものに人はいのちを賭けるのか、という疑問があれば、逆に反問したい。人がいのちを賭けるのは、まっとうな理解可能なものでなければならないのか。正体不明な理解不可能なものの出現こそ、史上もっとも鮮烈な熱中や、底知れぬ恐怖や憎悪を動かしていたのではないか。すでに本書の第一章で述べたように、仏教渡来の時代、仏教のまともな理解とはほとんど無関係に、仏教支持派と反対派とは、いのちを賭けて争ったのである。

およそ「秘」の構造では、ある未知の形に対応する意味内容は、極限の典型では、ゼロか無限大かになると私は述べた。ゼロは送り手側の視点である。受容する側では無限大になるのだが、それは、プラスの無限大とマイナスの無限大とに別れる。その中間はきわめて少ない。異文化から到来した未知の文物に対して、概して好奇心の強い若者はプラスに反応し、保守的な人々はマイナスに反応する。

徳川幕府は、島原半島の原城にこもるキリシタン一揆に、総力を挙げた大軍を送って、ついに三万七千人を皆殺しにした。権力者たちも恐ろしかったのである。この面を決して見落としてはならないと思う。その恐怖感は、この島原の乱で終わってはいない。後に詳しく述べるが、やがて踏み絵、密告、莫大な懸賞金、五人組、そして当時の世界に絶する宗門人別帳という戸籍制度もまた、この恐怖感から発明された。明治政府はこの戸籍を引き継いだし、その文化は今日の私たちの生活にまで受け継がれている、と私は考える。五人組という隣の家への覗きが、合法的であり、正義であるという文化は、私たちのまわりの至るところに今も生き続けている。

「極秘、かの奇しき紅の夢」と捉えたキリシタンの熱中と、「末世の邪宗」と捉えた権力者の恐怖とは、背中合わせだったのではないか。

2　キリシタン弾圧史の見直し

日本歴史上、外来文化が大挙して到来した時期は四度ある。古代における中国、朝鮮文化との出会い、戦国末期から近世初頭におけるポルトガルを中心とするキリシタン文化の到来、黒船に始まって幕末から近代に至る西洋文化との出会い、そして昭和の敗戦後のアメリカ文化との出会いである。このうち、三度の外来文化到来は、この島国で受け入れられたのだが、キリシタン文化は結局厳しく拒絶した。三度の受け入れでは、それぞれが、その後の日本文化に大きな影響を与えたということは広く認められている。ところが、拒絶したキリシタン文化については、その影響についての評価が、歴史研究者の間でもきわめて低い。このことを、問題の出発点としたい。

およそ一つの文化にとって、異文化との出会いはその文化構造の根底を揺るがすような大事件であって、その出会い以後、文化が大きく変容を遂げることが多い。とりわけ日本のように、異国の人間をともなった異文化と、直接、大量に出会うことの乏しかった島国の場合、このような直接の出会いは衝撃的である。古代における中国、朝鮮文化との出会いでは、大和政権がつくりだされた。つまり日本という国はここでつくられたのである。幕末、明治の西洋文化との出会いでは、東洋の端に西洋的、近代的な国家をつくり出すことになったし、昭和の敗戦後にやってきたアメリカ文化は、絶対主義的な軍事国家を民主主義国家に変身させた。

そして異文化と出会って結局それを拒絶した場合でも、一つの文化の総体がそれによって活性化され、そこに点火され、燃えたぎらされた文化的エネルギーの総量は、出会いの後、それを受け入れた場合とほとんど変わらないのではないかと思う。キリシタン文化は、拒絶の後、ほとんど異文化の痕跡が残らないほどに厳しく抹殺された。だからこそ後世の歴史家は、この影響を過小評価しているのだが、しかし、この厳しい拒絶じたいが、拒絶した側の文化の大きな変容である。

拒絶のために費やされた軍事的、政治的、文化的エネルギーは莫大であって、その影響は、それ以後の近代にまで及んでいる、と私は考える。

一六三七、八年の島原の乱では、松平伊豆守率いる幕府軍一二万は、三万七千人のキリシタンを皆殺しにした。これを逆に見れば、三万七千人もの人々が、皆殺しの運命を覚悟して集結し、戦った。しかもその大多数は、武士ではなかったし、女、子供まで含んでいた。そして、キリシタン抹殺のエネルギーは、島原の乱で終わっていない。むしろその後の支配体制づくりの中でいっそう強化され、全幕藩体制期を通じてキリシタン抹殺の意志が構造化されて貫かれる。その反対側では、庶民キリシタンは「隠れキリシタン」となって執拗に生き延びる。そしておそらく、もっとも重要なことは、構造化されたキリシタン抹殺の体制の中で、全日本文化が、異文化に対して極端に閉じた体制に変容し、そこに生きる人たちの生活を変え、精神を作り替えたということである。そのようなキリシタン抹殺の体制の中心は、宗門改めと総称される戸籍制度、五人組、踏み絵、訴人などである。いわゆる鎖国は、この島国全体が外側に対して強く閉ざされた体制を形成したことを表しているが、宗門改めは、この島国を内側から、内面的な精神に至るまで強く閉ざされた形につくりあげた。部落差別も、この体制の中で改めて作り直された。日本文化におけるその影響は、今日に至るまで、この島国の文化、人々の性格、精神形成などにも及んでいる。

3　異文化排除の構造

さてそこで、キリシタンとの出会いから、その拒絶、抹殺に至るまでの歴史的な事象を、以上のような視点から見直し、以下にいくつかの問題点を取り上げ、その概略を追っていこう。

一五八七（天正一五）年、秀吉は初めてキリシタン宣教師追放令を出した。その動機について考えたい。

次は、六月一九日、秀吉から発令されたその定書である。

一　日本は神国たる処きりしたん国より邪法を授候儀《さずけそうろうぎは》太以《なはだもって》不可然《しかるべからざる》事

一　其国郡之者を近付門徒になし、神社仏閣を打破らせ前代未聞候。国郡在所知行等給人に被下候儀者《くだされそうろうぎは》当座之事候。天下よりの御法度を相守　諸事可得其意処。下々として猥義曲事
事

一　伴天連其知恵之法を以、心さし次第ニ檀那《だんな》を持候と被思召《おぼしめされ》候へバ、如右城之仏法を相破事《あいやぶること》
曲事《まがごと》候条、伴天連儀日本之地ニハおかせられ間敷候間、今日より二十日之間に用意仕可《つかまつるべく》帰
国候。其中に下々伴天連に不謂族申懸《もうしかける》もの在之ハ曲事たるべき事
一　黒船之儀ハ商売之事候間、各別に候条、年月を経諸事売買いたすべき事
一　自今以後仏法のさまたげを不成《ならざる》輩ハ、商人之儀ハ不及申《もうすにおよばず》、いづれにてもきりしたん国より
往還くるしからず候条、可成《なるべく》其意事

まず、この第一条「日本は神国たる処」という文句に注目したい。それは確かに目立った形で書かれているのだが、研究者は通常、この「神国」という言葉に、近代日本におけるナショナリズム観念などを重ね合わせて解釈することを警戒している。当時の「神」は、既に本書の「密教」の章でも述べたように、本地垂迹説のような仏教理論からつくられた仏教優位の「神」観であり、「神」優位の宗教観念はなかったはず、というのである。また、この定書の重点は二条以下にあるので、とりわけ二条の「国郡在所知行等給人に被人に被下候儀者当座之事候」という幕府支配体制下における近世封建制確立の意図の明示が重要であると言う。

しかし、私はやはり、この第一条を重視したい。

確かに「日本は神国」という思想は、この当時も、伝統的にも、ほとんどなかった。しかし、ここで急遽つくられたのだと思う。近代日本の「神国」や「皇国」という観念も、明治政府によって短期

間に発明され、つくられたのだった。それは、異なる国、異なる文化との出会いによって、初めて自分たちの総体が問われる状況の中でつくられるのである。同じようなことは、世界の歴史にいくらでもあるので、たとえば第二次大戦後、アジア、アフリカなどに続々出現した新興独立国は、彼らの遠い建国以来の神話をつくりだしたのである。仏教保護の意図はこの文の中でもうたわれているし、「仏国」という言葉も別の外交文書に出てくる。しかし、「神」は日本伝来だが、「仏」はやはり唐、天竺の渡来だということは心得ていたにちがいない。

秀吉は、この「神国」という言葉を好んで用いていたようで、後に一五九〇(天正一八)年、インド総督の国書への返書でも、

夫れ吾が朝は神国なり。神は心也。……

と書き出している。また、一五九三(文禄二)年、明国に対する国書の冒頭でも用いている。すなわち、

大日本は神国なり。神は即ち天帝、天帝即ち神なり。全く差なし。これにより国俗、神代の風度を帯し、王法を崇め、……

と書いている。ここでは、儒教概念の「天」や「王」は出てくるが、「仏」は使われていない。こうして発言されている「神」は、神儒仏混交の不定型の概念ではあるが、その中心に「神」があった。「神」は、秀吉の理解する日本国のアイデンティティを支える宗教だったのであって、キリシタンの脅威を、これによって対抗させようとしていたのであろう。

異文化との出会いで、それをマイナス無限大と受け止めた者は、それに対するこちら側に、プラス無限大をつくり出してバランスを取ろうとする。客観的に見れば、あらゆる文化は無限大ではなく有限のはずなのだが、異文化どうしの出会いには、客観的視点を超えたダイナミズムが働くのである。

ところで、この宣教師追放の定書の出た前日、六月一八日に、公表はされなかったようだが、これとは趣旨が正反対なほどに異なる覚書が出されていた。すなわち「伴天連門徒之儀《ばてれんもんとのぎは》者、其者之心次第たるべき事」で始まり、むしろキリシタンを積極的に容認する内容の文書があったことが知られている。これら二つの、相反する内容の文書をめぐって、これまでにも様々な意見が説かれているのだが、いったいなぜ、秀吉は僅かの期間に心変わりとも見える文書をだしたのだろうか、ということである。

宣教師ルイス・フロイスの『日本年報』にはこれに関する記述があって、秀吉の側近であった施薬院全宗が、秀吉の意を受けて、九州の有馬で何人かの素人の美しい娘たちを求め、秀吉のもとに来るように説いた。ところがこの娘たちはキリシタンだったので、そのようなことはデウスの教えに背くとして拒絶した。そしてこの日の夜、ポルトガルのワインを飲みながらの席で、全宗からの報告を聞いた秀吉が激昂し、反キリシタン文書が出されるようになったのだという。なお、この同じ夜、全宗は、前から憎んでいたキリシタン大名、高山右近についても神仏を破壊する危険な人物として秀吉に讒言し、その結果、右近に対して、「キリシタンをやめるか、追放されるか」という伝達が、宣教師追放令と同時に出されることになっていた。（松田毅一監訳『十六・七世紀イエズス会日本報告集　第Ⅲ期第7巻』同朋社、一九九四年、一九五―六頁）

この経緯については、従来の歴史家の説では、フロイスの言うところが確かだとしても、秀吉のキリシタン追放令は、封建体制整備の手はずに従って、早晩出るべくして出されたはずであったと言う。たかが娘たちの拒絶くらいで、国家の大計を変更するようなことは、天下の最高権力者の行為としては考えられない、というような意見が多かった。しかしまた、海老沢有道はこう述べている。

……むしろここに重大な問題が潜んでいるのである。キリシタンであるがゆえに「たかが女」ですら、デウスの道の遵守のために、天下の関白のお声がかりにあくまでも抵抗すると言うことは、そのままで済まし得る問題ではなかった。彼の意志のままに天下を動かすことができると自任していた彼にとって、これは許すべからざることなのである。

（海老沢有道『キリシタンの弾圧と抵抗』雄山閣、一九八一年、二一五頁）

私もこの意見におおむね賛成である。もっとも、さらに強くこの立場を言いたい。秀吉は、拒絶する娘たちの背後に、権力に正面切って対抗するキリシタンの恐ろしさをかいま見たのだ、と理解してもオーバーな見方ではないだろう。あるいは、その彼方に、宣教師を先頭に立てた西欧植民地侵略の歴史を直感していたか、さらにその背後のローマ教会の権威まで直感していたかもしれない。

西洋植民地侵略が発展し始めた時代、とくにスペインの露骨な侵略については、秀吉のところにも情報ははいり始めていた。しかし、娘たちの拒絶の背後におそらく感じ取られたのは、露骨な軍事力ではないだろう。キリシタンという未知の宗教であり、その遠い本拠のローマが、敏感な権力者に感じとられていたのではないか。

それから十年後、一五九六年、秀吉は、フィリピンからやって来たスペイン系フランシスコ会の修道士たち二十六人を処刑する。「日本は神国たる処」という宣言の続きである。キリシタンにとって最初の大殉教であった。

キリスト教という権威は、ヨーロッパでは、その出現以来、俗世の権力と対立し、抗争を繰り返していた。ローマ法王の権威の前では、王様も膝を屈することが多かった。日本でも、鎌倉新仏教の一向宗や、日蓮宗の例があった。信長の最大の敵は一向宗であるとも言われた。秀吉自身も一向宗との厳しい戦いを経験していた。しかし、前述の密教を天皇家が支援していたように、仏教各派は、伝統的には概して権力には従順であった。秀吉の直感したのは、それらとは異質の、それらより強大な権威を持った宗教であったろう。宣教師追放令の冒頭「日本は神国たる処」という文句は、こちら側の「力」よりも、まず「神」の権威を掲げて当たらなければならぬ、という秀吉の態度を物語っている。

4　弾圧の時代

次に、島原の乱であるが、一六三七、八（寛永一四、五）年、島原の原城に結集した三万余人の一揆は、日本史の通説では農民一揆説が有力であるが、農民一揆の性格があることは充分認めるとしても、基本的にはキリシタン一揆であったとみるべきだと考える。農民一揆ではこれほどの勢力にはならないし、一定の要求があってそれで収まるという性格の一揆ではなかった。全員が死を覚悟して立てこもっていた。これは一向一揆の場合にも共通するのだが、宗教的なバック抜きにこのような勢いは容易にはうまれない。権力側の対応も、農民一揆に対するのとは違う。幕府軍は原城を攻め落とすと、一人の裏切り者を除いて、女、子供に至るまで全員の首を切った。こういう残酷な攻撃は、歴史上、異文化、異民族に対するときか宗教的対立の場合である。

そして、歴史上、異民族、異文化の人々を弾圧、虐待した例は多い。それらの例では、異文化の人間をそのまま弾圧し、虐待する。しかし、日本におけるキリシタンの弾圧、虐待の対象は、どうやら人間ではない。人間の向こう側の、人間にとりついた何か、得体の知れぬもの、すなわち私の言う「秘」であったようだ。

キリシタン弾圧における権力者の残酷さは、島原の乱を頂点として、その前後の取り調べ、拷問、殉教など数々伝えられているが、この弾圧の特徴がとりわけよく表れているのは、「転び」という権力側からの一種の赦免方法である。一向一揆の参加者に対しても転びが強制された前例があり、それを踏まえた方法であろうが、キリシタン弾圧期にはそれがいっそう徹底しておこなわれた。穴を掘った上に逆さ吊りにして、火責め、水責めで瀕死の信者に、このまま死ぬか、それとも転ぶか、と問い糺《ただ》す。転ぶと言えば、直ちに助けるのである。そればかりか、独身者には妻帯させて、監視付きではあるが生活の面倒までみていた。

転べという権力側の詰問は、決して単なる口実ではなく、本気である。転びは単なる裏切り者ではない。島原の乱では、一揆側でただ一人転んで裏切った武士を、幕府軍は全軍に周知させて助け出したのである。転べばこちら側の普通の人間、転ばぬ向こう側は、正体不明の世界であり、その世界に捉えられた異常な人間である。キリシタン弾圧の残酷さは、あちら側の異文化、異世界に属する者への扱いである。転びはその後、転びの類族が五〜七代にわたって監視され、死亡した後も死体を塩漬けにして幕府役人の検視を受け、その後に埋葬を許されるというような厳しさであった。つまり、転びは一応こちら側の人間とされたが、まだ何か異常なもの、異文化が取りついているのではないか、と疑われたのである。この異常な猜疑心に、転びの向こう側の得体の知れぬ世界への恐怖、権力者の抱いた恐怖感が表れている。

それは、異文化を、異文化の人間とともに出会って体験することの乏しかった島国固有の反応であったろう。古代以来、この島国へはほとんど常に異文化が到来していたし、人々はよくこれを受け入れた。日本は世界中でもとりわけ異文化を熱心に受容する文化であって、日本文化というのも、詳しく調べれば調べるほど、ほとんど異文化の素性で成り立っていると分かる。しかし、異文化の人間の到来は乏しかった。前述のように、史上四度の大きな異文化との出会い以外では、ほとんどなかった。異文化のモノは受け入れるが、ヒトには不慣れなのだ。キリシタン排斥後、庶民たちは、キリシタンの「き」を「鬼」と書いていた。異文化のヒトは、むしろヒトでなし。「転び」の境界線のこちらと向こうとで、ヒトであるか否かが分かれたのであろう。

5 宗門改め

キリシタン文化排斥の歴史が残したおそらくもっとも重要な事績は、その後の「宗門改め」と総称されるさまざまの施策である。これには武士は含まれないことが多いが、日本中の百姓、町人を宗門、すなわち仏教寺院のどこかの信徒にさせ、そのことを寺が証明する寺請けという形をとっていた。仏教寺院はこれ以後、民衆の上に大きな力を持つようになり、財政的にも恵まれるようになり、他方では幕府権力に完全に従属するようになって、宗教としての活力を失ったとも言われる。

宗門改めが幕府の公式の政策として日本中の諸藩で実施されるようになったのは一六六四（寛文四）年以後のことで、つまり、島原の乱は既に終わって、キリシタンはほとんど根絶されていた頃の施策である。このことから、日本史研究者のこれまでの通説では、宗門改めはキリシタン禁圧は口実であって、幕府の権力強化が本来の目的であった、と言われていた。

しかし、これはキリシタンという異文化との出会いを過小評価した見方であろうと思う。権力者は、キリシタンを心底恐れていたのである。宗門改めは一六一八年の転び者の門徒帳から始まっていた。キリシタン禁制の法令は、幕末に至るまで繰り返し出されていたし、踏み絵もおこなわれていた。踏み絵はとりわけ、宗教そのものへの恐怖感からおこなわれていたはずである。

第一、権力強化のためなら、「神」や「仏」の権威に頼る必要はなかっただろう。キリシタンという宗教的権威の恐ろしさを思い知らされたからこそ、秀吉は「日本は神国たる処」と自分たちの理解する宗教的権威を真っ先に掲げたのであった。幕府権力は、キリシタンとの論争や説得に、仏教の僧侶を動員した。武家の権力支配は、民衆の心の奥までは及ばない。そのことを、キリシタンは十分に教えていた。宗教の権威が、民衆の心の内面深くを支配することを知ったからこそ、それに対抗するもう一つの宗教に頼らざるを得なかったはずである。

こうして、宗門改めは広く日本中の百姓、町人を網羅して、宗門人別帳は原則として毎年書き改めるという、封建時代の当時としては世界でも珍しい完備した戸籍制度をつくっていた。島国であり、かつ国中至る所に文字を読み書きできる人々がいたという、高度の識字率の文化であったからこそ可能であったのだが、これは結果として、日本全体を狭く閉じた社会体制につくりあげていた。いわゆる鎖国が国全体を外部に対して厳しく閉ざされた制度をつくりあげていたのに対して、宗門改めは、国全体をその内部から閉ざす体制を築いていたのであった。

6　日本文化の原型がつくられた

宗門改めと総称される中には、宗門人別帳を始めとして、五人組、踏み絵、訴人、南蛮起請文《きしょうもん》、高札などの諸制度があり、各藩によって多少の違いはあったが、十七世紀の後半には日本中で実施された。

踏み絵は、世界のキリスト教弾圧史の中でも希有な方法で、『ガリバー旅行記』にも引用されていたように、ヨーロッパ人が驚いたという日本的発明であった。人間の心の動きを外側から完全に捉えることができるという前提である。踏むか、踏まないかの境界線で、こちら側とあちら側とに明瞭に分断される。絵を踏む庶民一人一人の心の動きと、監視する役人の見詰めるところとが、ともに等しくこの境界線を承認し、それを前提している。それは、転びの場で、拷問する者と拷問を受ける者との間で共通に承認されている境界線と同一の構造であろう。南蛮起請文も、これらと同じように、内心と監視の目との境界線を厳しく画する方法で、「きりしたんのいやがり候書物」であった。そしてこの文書は、近代の昭和初期における「転向」文書と共通する。近代西欧渡来の新思想、マルクシズムを信奉するか否かの境界線の設定について、思想家、運動家と、治安当局との間で共通に承認されていた「転向」という特異な事件にも共通する。すなわち、人間の内面的な精神という、外面世界に対して独立した領域を認めない文化伝統の特徴が現われている。

宗門改めの諸制度の中でも、とりわけ、五人組、訴人は、民衆の相互監視制度で、隣近所の人々どうしが、いわば生命を賭けた猜疑心で、互いに監視し、密告し合う関係をつくり出した。限られた少人数の人々の小さな境界の中に、厳しく閉じた人間関係を、日本中至る所にくまなくつくり出していた。宗門人別帳が大きく閉鎖体制をつくっている中に、五人組、訴人などの制度は、さらに無数の小さな閉鎖体制をこしらえあげていたのである。

この体制の中で、およそ「覗き」は正しい、覗かせない者は怪しいという意識が育てられた。覗きは、合法的であり、かつ道徳的でもあった。合法性と道徳性とが、儒教の教えるように一つだった時代である。その意識は、近世封建時代を通じて生き続け、明治以後の近代日本人の意識にも継承されている。

今日の日本文化論者が、あるいは島国根性と言い、タコツボ型人間関係と言い、また恥の文化と言う。そのような文化特性はいつ頃形成されたのかについては諸説あるだろうが、以上の考察からみる限り、近世初頭のキリシタン禁制が決定的であったと考えられる。

フランシスコ・ザビエルの渡来以後、わずか三〇年ばかりの間に、総計で百万人ものキリシタン信者が出現したのだが、当時の人口をおよそ一五〇〇万人とみると、驚くほどの信仰心の広がりである。またそれに続く時代、激しい弾圧の中で信仰を抱いたまま殉死していった人々はおよそ四〇万人と言われ、この抵抗のエネルギーもまことに凄まじい。当時のキリシタンたちの信仰は、正統の教義の理解という点では充分ではなかったが、文化論的にみて、ヨーロッパキリスト教の発展に匹敵するような出来事がそこに引き起こされていたと考えられる。人間が、おのれの信念を貫いて生きることが尊いという文化が育ち始めていた。それは、いわゆる日本文化的性格とは正反対の傾向であった。

このような視点から日本史を見直すとき、たとえば日本文化の特性として、日本人は宗教的に深入りせず、世俗的、現実的傾向が強いとよく言われるのだが、こういう傾向も、この時代以後、キリシタン弾圧と、その後の宗門改めによってつくられてきた、と言えるのではないか。

7 部落差別の起源としての宗門改め

宗門改めは、今日に及ぶ部落差別の決定的契機になった、と考えられる。

とりわけ宗門人別帳で、日本中の百姓、町人が調べ上げられ、帳面に墨で記載されることになったことが決定的であった。その帳面上で、やがて一般の百姓、町人とは違った立場、明瞭に違っているのではないが、違うとも言え、同じとも言えるような、境界の境遇にいる人々の存在が浮かび上がってきた。

近世以前にも、河原者、清目、穢多などと言われる人々が被差別民とされていた。その起源は、中世にまでさかのぼることができる。一定の地域で、また一定の職業に従事する人々を指して言うことが多かった。しかし、その地域や職業は流動的であり、必ずしも確定的な身分を指す用語ではなかった。（脇田修「差別の拡大」、部落問題研究所編『部落の歴史と運動　前近代篇』部落問題研究所、一九八六

年、二三八頁）

その流動的だった呼称が、墨で帳面に記載されることによって、確定したのである。話し言葉のレベルの用語が、文字のレベルになったという変化である。宗門人別帳は、原則として毎年書き改められた。以後、毎年その被差別の呼称は書き改められ、遂に近代になって、明治政府の戸籍に引き継がれた。

宗門改め以前にも、太閤検地にともなって、検地帳や名寄帳のような文書が作成され、そこに「かわた」の記載が現れ始めていた。被差別民とされた「かわた」は、皮革を扱う職業名という使われ方も多いが、また百姓や職人とは違って差別された身分という意味がうかがわれる用例も現れていた。

（寺木伸明『被差別部落の起源――近世政治起源説の再生』明石書店、一九九六年）

宗門人別帳では、この前代の方法を受け継ぎながら、もっと徹底して発展させたのである。十七世紀にはいってから、まず穢多という呼称が使われ始め、やがて幕府によって公的に使用されるようになった。そして宗門人別帳では、百姓、町人など平人とは明確に区別されて記載されるようになるのだが、初めの頃はまったく記載されなかったこともあり、または百姓、町人などが記載された末尾に穢多という呼称とともに名前が載った。それがやがて別帳として、いわゆる穢多戸籍にまとめて記載されるようになる。

宗門人別帳は一六二〇年頃から各地で始められ、一六六四（寛文四）年には幕府の命令で日本中で実施されるようになった。日本史研究者の多くは、今日に至る部落差別の起源は十七世紀半ば頃までにできたと言い、あるいは同じ頃、部落差別が強化されたと言っている。これは、宗門改めが完成した時期とほぼ一致している。

8　キリシタンと一向一揆

キリシタン渡来から幕府による排斥、弾圧にいたる歴史は、これにやや先立って、一六世紀後半に起こった一向一揆の隆盛と、信長、秀吉による弾圧の歴史といろいろな点で共通するところが多い。すでに前述の議論の中でも少しふれてきたが、キリシタン渡来の意味を考える上で、一向一揆と比較して、その共通点と違いとに注目すると、考察を深めることができるので、ここで述べておきたい。なお、以下の一向一揆についての議論は、前掲の寺木伸明の著書に多くを負っている。

この問題は、キリシタンと一向宗との信仰内容と、信者たちの運動の性格という面、およびこれに対する権力側の対応という二つの面から捉えなければならない。どちらも大きな問題だが、とくに信仰内容についてまともに議論すると、きわめて深く、かつ広い問題に立ち入らねばならないことになるので、ここでは、ごく概略を述べるにとどめたい。

キリスト教はもちろん一神教であって、神の教えを最高とし、他のあらゆる権威、権力よりも大事だとする信仰の歴史を持っていたが、カトリック教会は次第に保守化し、世俗化していた。やがて宗教改革と、それに対抗するカトリック教会じしんの改革運動で、一方でイエス・キリストの純粋な信仰に帰ろうとするとともに、広く異教徒世界の人々にも訴えていこうとする動きが始まった。日本にやってきたフランシスコ・ザビエルなどキリシタン宣教師は、まさにその改革運動の先鋒であった。

これに対して日本の仏教は、真言密教について既に論じたように、古代以来天皇や時の権力の庇護のもとに育ってきた歴史がある。しかし古代社会の崩壊と武士、庶民の台頭の背景から、鎌倉時代に優れた教祖たちが出て、純粋な信仰を説いて広く信徒に訴える動きが始まった。一向宗はこの時代の教祖、親鸞に始まる浄土真宗の別名であるが、その阿弥陀信仰は、ひたすら念仏を唱名するとりわけ純粋な信仰内容であるとともに、他方、肉食、妻帯の許容など、伝統の権威にとらわれることなく、進んで漁民、女性などをはじめ被差別者衆生にも訴えていくような運動であった。フランシスコ・ザビエルは日本上陸以来、漁民や障害者など底辺の被差別民衆の中に入って布教していたが、一向宗信徒でも、当時とくに蔑まれていた人々が参加していたことは、宣教師ルイス・フロイスも注目していた。(Luis Frois *Die Geschichte Japans 1549-78*, Leipzig, 1926　柳谷武夫訳『日本史1―5』平凡社、一九八九年)

以上、ごく簡略に、キリシタンと一向宗の信仰内容と運動とを、その共通性に着目して述べてみたが、ここで、両者の違いについて述べたい。

すなわち、これら両者の違いは、基本的には、一向宗は日本文化の中に既に根ざしていた仏教という宗教であったが、キリシタンは渡来以来の日の浅い異文化であった、ということである。この違いは、自文化に根ざした時間の長さ、という量の問題ではない。権力者から見れば、一向宗は敵対する勢力の一つであり、それがすべてであったろうが、キリシタンは、結局正体不明の「秘」なのであった。

キリシタンへの虐殺、拷問は、一向宗に対するよりもいっそう激しく、厳しかったのだが、それは妥協が許されないと思いこんだ権力者の恐怖に根ざしていた。一向宗はその後幕府に従順になって仏教の一派として日本国内に繁栄したし、一揆として戦った時でも、降伏すれば許されることも多かった。キリシタンは島原の乱の後にも、明治の時代の初期の頃まで、徹底的に詮索され、弾圧され、辛うじて隠れキリシタンとして潜伏する以外になかったのである。

第九章　カースト制差別

1　カースト制の成立

前章で、キリシタン弾圧から宗門改めへと、被差別部落の形成に至る歴史を述べてきたが、その被差別が今日に至るまで完全には解消されていない状況は、考えてみるとまことに特異である。人種差別や異文化差別は、差別の根拠としての違いが分かる。その「違い」difference がマイナスの価値とされれば「差別」discrimination になる。ところが、日本における部落差別には、この「違い」の根拠がまことに薄弱である。地域とか職業という根拠はあるとしても、地域を離れ、職業を変わっても、差別は執拗についてくる。結局のところ、部落差別の根拠は、差別する者の意識にある。声を潜めて「あの人は部落だよ」とささやくような意識が、絶えず差別をつくり出している。それは、本書の冒頭に述べた「秘すれば花」のように、「秘」をつくり出す意識、その文化構造である。それだけに、差別の根は深く、近年大きく改善されてきたのは事実であるが、容易に解決できる問題ではないだろう。

このような差別は、世界にもあまり例がないのだが、インドにおけるカースト制に共通する性格があると論じられることがある。とくに、カースト制におけるアウト・カースト差別である。そこで、本章では、とくに日本の歴史や文化を一応離れて、いわば「秘」のテーマの補論として、カースト制について述べておきたい。

カースト制は、ヒンドゥー教という宗教的権威の体制であって、世俗的権力とはあまりかかわり合っていない。権力とはかかわりなく、基本的に宗教的権威のみによって差別の体制がつくられてきたというのはやや特殊であるが、これはインドの歴史に由来するのであろう。インド古代史研究者は、初期の古代カースト制では、武人のカーストであるクシャトリアは僧侶のカーストのバラモンよりも優位であったと言う。

インド大陸では、古代におけるアーリア人の進入後も、やはり北西部や、西方海域からの異民族の侵略が繰り返し行われていた。とりわけ十二世紀以後のイスラム教徒の侵略と支配、そして十六世紀以後のヨーロッパ人の侵略、やがてイギリスの植民地支配となるのだが、そのような過程の中で、インド先住民の戦闘力は弱体化され、土着の王たちの権力は弱くなっていた。他方、外来の征服民は、権力は握っても、住民の宗教的、社会的組織にはあまり手をつけずにそのまま残しておいたことが多い。それは文明の古い、膨大な数の住民を、比較的少数の支配者が効率的に統治するための方法でもあったろう。インド先住民にとっても、権力が奪われているのは仕方ないとしても、それだけにいっそう、宗教的権威は、人々のアイデンティティのよりどころでもあっただろう。

ヒンドゥー教は、三千年の伝統と、今日でも九億を超えるインド民衆の八割以上の信者を持った宗教であるので、そこにはインド伝来の雑多な信仰が寄せ集められ、またその中でも相互に排斥、集合を繰り返してきた多神教であるが、同時にインド文明に一つの強力な統一をもたらしてきた。その雑多なものの中に統一をもたらす制度には、いわゆるカースト制、正確にはバルナ制の身分および職業の秩序があった。この秩序の、とくに身分制については、古代以来のマヌ法典や、ヴェーダなどに語り継がれているところでは、かつてインドを征服したアーリア人が、原住民インド人を支配する体制としてつくられたとされる。他方、古代インダス文明の遺跡などから推測されるところでは、必ずしもアーリア人の侵略、征服が証拠だてられているわけではない。しかし、アーリア人の進入以後、その宗教、伝承をもとに、原住ドラヴィダ人を支配する体制として、カースト制はつくられてきた、と考えられている。インド文明の多様性、とくに民族、人種の多様性と相互の対立を克服するために、上下の身分秩序としてのカースト制は、古代以後、支配者にとって有効に機能してきたし、そのように維持されてきた。

今日知られているところでは、カースト制は、およそ紀元前一五〇〇年頃、アーリア人がインド北西部から進入し、先住のドラヴィダ人などを支配する体制として形成された。起源は、異文化、異人種差別の制度である。紀元前一〇〇〇年頃にできたもっとも古いバラモン教の聖典リグ・ヴェーダ

Rig-vedaによると、インドラに率いられた優越した白い人々が、「黒い肌」の、「顔のないもの」、「鼻なし」などと形容されるダーサDasaとかダシュウDasyuと言われる人々を打ち負かす戦いが物語られている。ダーサ、ダシュウはまた「儀式を知らぬ者ritualless」とも言われ、「鼻なし」とはアーリア人に比べて鼻の低いドラヴィダ人などを指していたらしく、異人種、異文化差別された人々であった。

このアーリア人の進入については、リグ・ヴェーダの語っているような征服戦争がはたしてあったのかどうかについては、今日でも定説はない。しかし、アーリア人を上位カーストとし、原住民を下位カーストとする支配体制の成立と、リグ・ヴェーダやマヌ法典などの成立とは重なっている。(James Massey "Historical Roots" In J. Massey (eds.) *Indigenous People : Dalits–Dalit Issues in Today's Theological Debate*, Kashmere Gate, Delhi, 1994, pp. 3-56)

今日のカースト差別については、古代以来の体制の歴史的経過とは別に、イギリスの植民地支配の時代における戸籍作成の影響についても考えなければならない。十九世紀に、植民地支配者イギリスは、効率的な支配の必要上、インド全土に国勢調査をたびたびおこなっていた。それは、現地人の調査員を動員して、全土の一人一人について、年齢、性別、職業、家族関係などを、戸主を通じて訊ねたのだが、とりわけ、カーストを知ることを重要視した。ところが、このカーストの調査はもっとも困難であった。カーストは、古代以来の四つの基本カーストが、さらに細かく細分化されており、基本とされる四つのどこに属するのかも明らかでないカースト名称も多い。それは支配者であるイギリス人の知識の及ばないところであるから、現地人の学者とされるカースト最上級者のブラーマンに教えてもらうことになった。一八八一年の調査について、イギリスの文化人類学者コーンはこう書いている。

……副総督は、著名なサンスクリット学者、ラジェンドラ・ラル・ミトラに相談した。……副総督は、カーストの社会的地位についてのどんな疑問も、ラジェンドラ・ラル・ミトラの意見によって解決されるよう命じた。

ラジェンドラ・ラル・ミトラは、彼の言う分類についての「ヒンドゥー教の教え」の図式に基づいていた。調査の責任は、たとえば、ブルドゥアンのヴァイディアスやサバルナバニクスやカヤスタスの人たちが求めているような高い社会的地位への要求に係わるべきではない、と彼は考えていた。「調査の仕事は、ヒンドゥー教の教科書にはっきりと従うことであって、個々の要求で決めるべきではない」というのだった。

(Bernard S. Corn, "The Census, Social Structure and Objectification in South Asia," In *An Anthropologist among Historians and Other Essays*, Delhi, O. U. P. 1987, p. 245)

ここで「ヒンドゥー教の教科書」というのは、マヌ法典やヴェーダなどの古典のことだった。インド研究者がよく指摘しているように、これらの古典の教えるカースト差別は、古代においても必ずしも事実おこなわれていたわけではなく、その後の長い歴史の中では、カーストの四つの階級のうちで、ブラーマン以外は実質的に無意味になっていることが多かった。それが、近代の十九世紀に、ブラーマンの学者によって、古典の埃を払ってよみがえったのである。

この事情は、前の章で述べた日本の部落差別が、宗門人別帳という戸籍調査によって強化され、よみがえったという事情とよく似ている。宗門改めの開始は十七世紀であるが、幕府による統一的な幕藩体制の整備は、文化的に見れば、結果として一つの宗教によって一つの国の大多数民衆を統制することを目指していたのであり、その限り、十九世紀イギリスの植民地支配者の、近代的な効率的支配の要請と共通していた。

およそ、文明は文字の出現とともに始まる。言葉は文字となることによって、時間に耐えて動かし難く残り、空間的に広範な範囲の人々に共通の意味をつくりだす。国の司《つかさ》はかつてミコトモチと言われた。それは、中央政府のミ・コトを、文字の使用によって遠い果てまでモチ（持ち）運ぶことができるようになった時代のことであった。コトがタマのように確かな存在として受けとめられた時代に、コトタマは出現したのであったろう。

社会的な差別も、効率的な支配の道具としての、文字がつくり出していたのである。

2　人種差別としてのカースト制

人種という概念は、今日の自然人類学や生物学では、基本的に無意味であるとして、第一線の研究者の間では、学問上使用されなくなったと言う。基本的には、遺伝子のレベルで、人種の差は僅かであって、違いを立てることに意味は乏しいと言う。またたとえば、インド先住のドラヴィダ人は、人種としてはコーカソイド、モンゴロイド、ネグロイドのいずれに属するのか明らかでない。さらに、コーカソイドのアーリア人が進入して以後、先住民との混血が進んだ今日、強いてアーリア系とドラヴィダ系との区別をつけるのはおかしいとも言われる。

しかし、人類学や生物学上は無意味であるとしても、文化的な概念としては、人種は依然無意味ではない。たとえばイギリス統治の時代、東インド会社の軍隊がインドで現地人を兵士として募集するとき、ブラーマンなどの上位カースト出身者を、背が高くて風采が立派であるという理由で多く採用していた。また今日でも、たとえば売春婦にはランクがあって、非アーリア系の多い南方インド出身者は低く見られると言う。

他方で、リグ・ヴェーダやマヌ法典に説かれているような厳しい差別は、当時の事実を述べているのではなくて、多分にイデオロギーとしての誇張があるというのは、インド史研究者の通説である。

さらに、カースト制差別については、今日のインド政府や、被差別カースト側からの解放運動による改善の成果も見ておかなければならない。独立後に制定された今日のインド憲法は差別はもちろん、カースト制そのものを禁止しているし、これはタテマエであるという批判があるとしても、留保制度reservation systemという被差別民を、進学や就職などで、優先的に採用する制度はかなりの効果をあげており、大統領以下、政府の大臣や国会議員などの要職をはじめ、社会の各界に被差別カースト出身者を送り出している。

しかしながら、歴史上、上位カーストはブラーマン、クシャトリア、バイシャなどはアーリア系で占められ、奴隷階級とされたシュードラは、ほとんどドラヴィダ系など南方先住民であったし、それは今日でも変わりはない。カースト制の弊害を指摘する批判が盛んになった動きの中でも、今日でも依然として厳しいのは、各カーストの内婚制である。カースト制には、体型の違いなどの人種的な差を守るという意味もあって、それは結婚差別に明瞭に現れていて、インド国内の新聞の広告欄には、同位のカーストを結婚相手に求める広告が、今日でも公然と数多く出ている。こういう意味で、カースト制は、その起源においても、歴史上も、さらに現代の差別の体制としても、人種差別を一つの重要な契機としてできた制度と考えられる。ほとんど全インドの住民は、現在でも日常座臥、自分のすぐ隣の人のカーストを強く意識しつつ生きているのである。

カースト制は、こういう人々の全体を、一つの閉ざされた構造の中に閉じこめているのである。

3　アウト・カースト差別

カースト制のつくり出したもっとも著しい差別は、実はカースト制の中にあるのではない。前述のように、全体として厳しく閉ざされたカースト制と、その外の、いわゆるアウト・カースト out-caste との間にある。(Stanley Wolpet, *A New History of India, Fifth Edition*, Oxford University Press, 1997, p. 42)

カーストの中では、先住民の系譜の人々はシュードラという最下層に落とし込められていたし、リグ・ヴェーダ以来、シュードラは被差別民として語られてきたが、シュードラと他の上位カーストとの落差は、歴史上も実はそれほど大きくはなかった。また今日でも、インド独立の少し前から実施された留保制度では、この恩恵を受ける被差別民を、指定カースト Scheduled Castes と、指定部族 Scheduled Tribes と呼んでいるのだが、指定カーストの大部分はアウト・カーストであって、シュードラはそれに比べても、またシュードラ全体の数からしても少数にとどまっている。タミルナドゥ州の現地で、アウト・カーストの人は、五本の指を開いて、親指と他の四本との間にもっとも大きな開きがあることを私に示して、自分たちはパンチャーマ panchamas である、すなわち第五であると言って、その意味を説明していた。

アウト・カーストとは、カーストの外ということで、アウト・カーストとカースト全体との関係をよく表現している名称と思うのでここで用いているが、ガンジーは神の子を意味するハリジャンHarijanと名づけていた。また一般には不可触民Untouchableとも言う。今日、現地の解放運動でもっとも好まれている呼称は、虐げられた人を意味するダリットDalitである。もっとも、解放運動の指導者として知られたアンベドカルB. R. Ambedokarは、ダリットとは、シュードラ・アティシュードラであると言って、ダリットには、シュードラ以下の者アティシュードラatishudraばかりでなく、シュードラをも含むと言っていた。

アウト・カーストとは、カーストに属さない者という意味であるが、では、カーストにとって、まったくの外部の存在なのか、というと、そうではない。カーストのすぐ外側の境界のあたりということである。この事情を理解するには、アウト・カースト成立の歴史を振り返ってみなければならない。

紀元前八世紀に、バラモン経の経典ウパニシャッドUpanishadsのテキストには、チャンダーラchandalaと呼ばれる賤民が登場する。古代、繁栄し始めた集落の周辺に集まった部族民であったろうと言う。漢訳仏典では、旃陀羅《せんだら》と呼ばれ、仏教を通じて日本にも入ってきていた。

チャンダーラが出現した初期の頃は、その数は極めて少なかった。紀元前二世紀頃から二世紀にかけて編集されたマヌ法典では、チャンダーラは死人の衣を着て、欠けた食器で食べるようになど、厳しい差別表現で語られていたのだが、インド史研究者によると、被差別民を代表する呼び名としてチャンダーラという言葉が、一つの社会階層として知られるようになったのは、インド史上の中世、六、七世紀以後のことであると言う。その頃、チャンダーラはまた、アバルナavarna（バルナ、つまりカースト以外の者）とか、アティ・シュードラ atishudra（シュードラ以下の者）とも呼ばれていた。（小谷汪之『インドの中世社会』岩波書店、一九八九年、二〇五―六頁）

バラモンからシュードラにいたるカーストの成立は、紀元前一〇世紀から六世紀の頃であるが、チャンダーラ、すなわちアウト・カーストの成立は、それよりずっと後のことである。そして、シュードラは、法典などでは奴隷階層とされていたが、実際にはその大多数は農民であった。これに対して、アウト・カーストは、そのシュードラよりもはるかに厳しい差別を受けていた。

アバルナという呼び名が示しているように、アウト・カーストはカーストに属さない。ヒンドゥー教の神々とは別に、自分たち独自の神も礼拝している、という報告もある。（関根康生「〈不可触民〉をめぐる人類学的研究の現在――自己救済論としての〈不可触民〉研究」山崎元一、佐藤正哲編『カースト制度と被差別民：第一巻、歴史・思想・構造』明石書店、一九九四年、三六三頁）

また、ヒンドゥー教徒は絶対に食べないとされている牛を、アウト・カーストが食用にする、ということも知られている。

しかしながら他方、アウト・カーストは差別・被差別の上下関係でヒンドゥー社会に組み込まれている。アウト・カーストの多数はヒンドゥー教徒であって、シヴァ神を拝む。近代に入って、アウト・カーストの解放運動が盛んになった頃、その主要な運動目標の一つに、ヒンドゥー教寺院への参拝を認めろ、という要求があった。ガンジーがそれを熱心に支持し、運動したことはよく知られている。

すなわち、アウト・カーストは、一面ではカースト制に属していて、また他の一面ではカースト制の外部にいる。こういう事情を、「両義的」であると言えるだろう。あるいは、カースト制の境界にいるとも言える。

アウト・カーストは、物理的にも境界に居住することが多い。たとえば上位カーストの居住区の周辺に集まって住んでいる。インドでは集落のまわりが高い壁で囲まれていることがあるが、そういう壁のすぐ外にアウト・カーストの人々が集まっていたりする。

しかしここで境界と言うのは、それだけの意味ではない。文化的に、文化構造上の境界に位置づけられている、ということである。それは、構造の内部でもあれば、その外部でもある。あるいは内部でもなく、外部でもない、という位置づけである。それが、アウト・カーストとカーストとの関係である。

4 差別の構造

文化構造の立場から差別の問題を考えるとき、身分差別とは別に、いわゆる「ケガレ差別」を重視しなければならない。古典的な差別論が、古代的、あるいは封建的身分差別を説いたのに対して、ケガレ差別は比較的近年よく説かれるようになった。身分差別が支配権力、あるいは社会的支配階級の意図に起源があるとする説に対して、ケガレ差別の起源は宗教的権威に由来すると言われることが多い。またケガレ差別も究極的には権力や階級支配に由来するとも言われる。

本論では、このようなケガレ差別を、身分差別とは区別して考察し、身分差別が権力や権威が意図的につくり出したと考えられるのに対して、ケガレ差別の形成を、権力や権威の意図とは別に、一定の文化構造からつくられる、という視点を重視し、インドのアウト・カースト差別、及び日本の部落差別の起源はここにある、と説いていきたい。

およそ人間の集団があるところ、差別はほとんど必然的にうまれる。集団が権力を生み出せば、その権力を中心にして差別が必然的にできあがる。それは広い意味での身分差別である。これに対して、権力がうまれる以前にも、集団は差別をつくりだす、と考えられる。たとえば、「いじめ」と言われる現象がそうであろう。いじめには、いじめの中心人物がいる場合もあるし、またいない場合にも、「仲間はずれ」のような形でひきおこされる。前者は権力による差別の始源の形であろうし、また後者は、ここで言うケガレ差別の始まりであろう。子供たちの集団がそのうちの一人をいじめる場合に、よく知られているように、ほとんど理由なしに、「臭い」とか「汚い」と言う。人間はそれぞれにくさいので、特定の一人だけがくさいというのは、後からの理由付けである。差別が先にあって、そのことを理由づける、「しるしづけ」markをする。それがケガレ差別である。

差別の始源の形を探ると、これはおそらく人間に限らないので、集団生活をする哺乳類にも見受けられるのではないか。よく知られているように、ニホンザルの集団ではボス猿がいて、ボスを中心に序列ができる。これは身分差別であろう。また、集団内の一匹が集中的にいじめられるということもあるようだ。北海道の熊牧場で、冬期、柵が閉ざされたまま放置されていたとき、突然一匹の熊が仲間たちに襲われ、ついに食い殺されるという例がかつて報告されていたことがあった。複数個の個体が、一定の閉ざされた環境に置かれたとき、仲間どうし攻撃し始めるというのも、同じような原因から出た現象であろう。ネズミなどの実験で、その閉ざされた空間が次第に狭められていくと、ある狭さに達すると突然攻撃的になる、というような報告がよく知られている。

これに対して、およそ差別をつくらない人間集団がまれにあると言うことも報告されている。山崎カヲルが人類学者ジェームズ・ウッドバーンの調査報告を紹介しているところによると、タンザニアのハッザ Hadza と言われる人々では、「従属や支配という関係がまるでない」。それは「外来者はだれでも、拒まれることがない」からであると言う。(山崎カヲル「差別と周縁性」、菅孝行編『いまなぜ差別を問うのか』明石書店、一九八五年、五五―六頁)

集団が外に向かって開かれているとき、集団内部に差別は生じない。言い換えれば、集団がその外部との「境界」を持たない場合であろう。逆に、集団が外部に向かって閉ざされているとき、すなわち明確な境界を持つとき、その集団内部には、ほとんど必然的に差別の体制がつくり出される、と考えられる。

ここで私が境界と言うのは、近年文化人類学者や社会学者が、boundary とか、periphery とか、liminality などと呼び、日本では、周縁とも訳される文化構造上の概念と共通である。もっとも、周縁という用語は、文化構造論とは係わりなしに使われることも多いようである。本論では境界という用語を用いるが、文化人類学者や社会学者の用法とは多少違っていて、一つの文化構造における中心と境界という視点ではなく、基本的には、二つの異文化の出会いを前提とし、そこで形成される境界を考えていきたい。これは、私の基本的な研究テーマである翻訳論から出てくる立場である。

5　構造から差別はつくられた

以上のような理論的な前提から、もう一度、カースト制と部落差別の問題に立ち返って考えてみよう。

カースト制の起源は、アーリア人による進入と、インド原住民の支配という契機があった。部落差別の場合は、その起源は、中世、あるいは近世初頭にあるとしても、その差別が決定的に強化され、固定されたのは、宗門改めによってであった。その宗門改めは、島国日本にポルトガルからのキリシタンがやってきて、その渡来以後の弾圧政策によっていた。

カースト制が極度に閉ざされた構造を形成していったのは、アーリア人の人種差別観によっていた。今日、アーリア系と原住民系との違いは必ずしも明瞭ではないとしても、アーリア系による差別維持の要求は著しく強く、結婚差別に生き続けている。また、幕府権力が、宗門改めをつくり出し、その体制を支えてきたのは、既に私の立場で述べたように、一貫してキリシタンという異文化への恐怖からであった。つまり、どちらも、異文化への緊張感が、強度に閉じた体制、カースト制や宗門改めを支えていた。

そして、こうして閉ざされた体制の構造が、その明確な境界をつくりだし、被差別の境界人をつくりだしていた。近世に穢多と言われた人々は、「人外」とか「人でなし」と言われた。将軍を頂点とし、武士、百姓、町人の「人」の外であり、人の外の人といういわば両義的存在と位置づけられていた。境界の両義性がケガレの根拠である。メアリー・ダグラスが、ケガレ uncleanness とは場違いのもののことであり、ケガレは秩序の側から考えなければならない、と言っているのも同じ論理であろう。（Mary Douglas, *Purity and Danger*, Routledge, 1969　塚本利明訳『汚穢と禁忌』思潮社、一九八五年）

アウト・カーストもまた、その大多数はヒンドゥー教徒であり、またヒンドゥー教から排除された人々という両義的な存在であった。

アウト・カーストは、そもそもカースト制では予定はされていなかった階層であった。ヒンドゥー教の権威が直接つくり出したわけではない。被差別部落も、幕府権力が直接つくり出したのではない。権力は宗門改めをつくり出し、その宗門改めが、近世後半以後の部落をつくり出したのである。

宗門改めにおける穢多の記載は、各地の庄屋などの村役人、町役人が書いて奉行所などに提出していた。やがて穢多戸籍にまとめて記載されるようになるが、それは直接には、庄屋など村役人に提出される文書であった。幕府の公文書に穢多の記載が現れるのは一六四四（寛永二十一）年以後のことである。太閤検地におけるかわたの記載も、いわば私文書である検地帳で使われていたので、法令ではこの呼称は使われていなかったし、また、当時はっきりと被差別民の部落はあったが、そこには検地帳を与えなかったという。（朝尾直弘「近世の身分とその変容」朝尾直弘編『日本の近世7、身分と格式』中央公論社、一九九二年、二四―三七頁）

前掲のコーンの論文が説いているように、十九世紀、インドにおけるイギリスの支配者も、直接、意識的にカースト制を強化しようと計ったわけではなかった。しかしその効率的支配体制の整備の結果として、直接カースト制をよみがえらせていったのは、現地のバラモンを中心とする調査員たちだった。

以上のように、最下層に位置づけられた被差別民は、権力が直接、意識的に創出したのではなかったが、権力のつくった体制がつくり出した。つまり、構造の境界につくり出されていたのである。

第十章　翻訳文化としての天皇制

1　翻訳語としての「天皇」

日本文化の象徴とは何かと問えば、天皇と答える人も多いだろう。日本国憲法は、「天皇は日本国の象徴であり国民統合の象徴」であると述べている。天皇制を客観的、学問的に考える人や、批判する人も、事実として日本文化の中心のあたりに占めてきた天皇制を前提として、それを客観的に考察している。

ところで、その天皇制は、果たして日本文化を体現しているのだろうか。不思議なことに、天皇制の支持者も批判者も、今までほとんど疑ってこなかったのだが、実は天皇制は、日本文化の体現であり、その象徴であると言うより、むしろ圧倒的に外来文化の体現、象徴なのである。天皇制のほとんどすべては外来文化、私の言い方で言うと、「翻訳文化」で成り立っている。その事実を、まず以下にたくさん指摘しよう。

天皇制の「秘」とは、外来文化、翻訳文化であるにもかかわらず、大多数の日本人は、伝統的、日本的文化であると思い込んでいる、その思い込みの思考構造にある。よく考えてみれば、外来の素性は誰にでも分かるはずなのに、ふつうは気づかない。それは、仏像の顔にある外来の特徴がほとんど気づかれず、「ありがたい」お顔という意味に変質しているのと同様で、自分たちにとって異質な形が、プラスの価値「ありがたさ」になるという「翻訳」文化特有の効果によっている。

そのような思考構造の本質的な起源は、日本語における漢字にある、と私は考えている。漢字は外来の言葉であるにもかかわらず、人々は日本的なありがたい言葉であると思いこんできた。それは、たとえば右翼日本民族主義者が漢字表現を好んで使用してきたことにも現れている。あるいは先の戦争中、日本の軍事政権やその迎合者によって、外来のカタカナ言葉は、続々と漢字の造語に置き換えられた。そして他方、近代以後の日本の知識人たちは、漢字表現の、そのありがたそうな効果を好んで使用し、今日にいたるまで、高級な学術用語などに、とくに難解な漢字が数多く使用されてきた。

そこでまず、「天皇」という言葉、これは日本文化の中心にある言葉で、当然日本語の中の日本語、と思われるかも知れないが、これが元来外国語である。すなわち、古代中国の唐からの外来語の「漢字」である。私はこれを「翻訳語」であると言うが、それは、もとの中国語の「天皇」とは、形 signifiant はそのままでも、その意味 signifié が別の意味に変質しているからである。

文献学者、津田左右吉によると、「天皇」とは、占星術において星の名前として用いられ、また道教では神仙説の中に天の北極星の名などで現れている、と言う。中国では皇帝の称号としては使われないのが原則で、例外的に唐の高宗が天皇と称したことがあるが、それは日本で天皇の呼称が用いられたと考えられる推古天皇の時代より後のことであった、と津田は言っている。そして、こう述べている。

……史記などの所謂正史や漢以後南北朝時代に盛に作られたかず〳〵の緯書や天文の書も読まれてゐたに違ひないと思はれるが、我が国では星のことが全く閑却せられてゐて、神代史にも星の重要視せられたことが見えないから、北極星によって象徴せられてゐる、もしくは北極星の名となってゐる、天皇の観念は深く顧慮せられなかったらう。

（津田左右吉「天皇考」、『津田左右吉全集　第三巻』岩波書店、一九六五年、四九〇頁）

古代の大和言葉では、「天皇」に相当する人物の名としては、『万葉集』などでも知られるように、「すめらみこと」とか「おほきみ」という呼び名があった。やがて中国渡来の文字の言葉「天皇」がやってきて、まず文字の言葉として書かれるようになったが、それは訓読みされて、伝来の「すめらみこと」とか「おほきみ」と読まれていた。ところが、その後、伝来の大和言葉の方は追放されて消えてなくなり、中国語音に倣った「てんのう」という読み方が、正式な呼び名として残っていったのである。

外国語が到来した。それがやがて、これに対応する伝来の大和言葉を追放し、その代わりに遂に居座ってしまう。その外国語のもとの意味はよく理解はされていない。理解はされないが、よく分からないことが、かえって「ありがたい」と受けとめられ、貴重な意味であると漠然と思い込まれる。

「天皇」という言葉は、まさに日本文化の象徴、日本的「秘」の文化の象徴である。

日本の歴史上、天皇制は何度か大きな変化をしているが、近代の始め、明治憲法によって「大日本帝国天皇」と位置付けられるようになった。とくに昭和になって、太平洋戦争中、よく用いられていた。「天皇」に冠せられるようになったこの「大日本帝国」という名称は、多分に翻訳語的であったと考えられる。

一八八一年、西周は、山県有朋の命で、「憲法草案」を書いているが、その中にこういう文句がある。

「帝国大日本ハ現在ノ日本筑紫四国蝦夷ノ四大嶋及其属領ヨリ成ル」トスヘシ……本地ヲ日本ト称シ総称ヲ大日本トス猶英倫《イングランド》蘇格蘭《スコットランド》合シテ大丕列顛《ブリテン》ト称スルト同意味ナランコトヲ願フ徒《イタズラ》ニ自ヲ尊大ヲ表スルノ意ニ非ラスシテ自ラ合当ナルヘシ

（『西周全集　第二巻』宗高書房、一九八一年、二〇二頁）

これで、「帝国大日本」が、もっぱら地理上の意味で、イギリスが地理上の区別としてLittle Britain に対して the Empire of the Great Britain と呼ばれていたことに倣っていたことがわかる。このお手本が、「大英帝国」と呼ばれたのに準じて、「大日本帝国」という正式名称ができたと考えられる。当時世界最強のイギリスを、何かにつけてお手本としていた時代にふさわしいことであった。

ところで、ここでも、西周が心得ていたもとの意味は、西がここで「徒《イタズラ》ニ自ヲ尊大ヲ表スルノ意ニ非ラス」と注意していたにもかかわらず、まもなく無視される。そしてこの名前は、もとの意味とは違った「ありがたそうな」国の名前として理解されるようになり、やがて昭和の軍国主義の時代になると、「大日本帝国天皇」が、天皇の正式の呼称となっていったのである。

2　翻訳文化としての天皇制儀式

天皇制の言葉について以上に述べたことは、天皇制をめぐるさまざまの儀式についても、同じように観察できる。

天皇家でもっとも大事にされている品物は、いわゆる三種の神器であろう。この三種は八咫《やた》の鏡、草薙《くさなぎ》の剣《つるぎ》、八坂瓊《やさかに》の勾玉《まがたま》である。鏡、剣が、いずれも古代中国、または朝鮮からの渡来品、もしくはその渡来品を模したコピーであることは明らかである。勾玉についても、古代朝鮮の新羅時代の装飾品の玉に、同じような形があって、やはり舶来品、もしくはそのコピーと考えられる。これらの神器は、天皇の皇位継承のしるしとして、古来重要視されてきた。天照大神が天孫の瓊瓊杵尊《ににぎのみこと》を高天原から天降らせるとき、この三種の神器を渡したという。そして『日本書紀』によると、とくに鏡は、瓊瓊杵尊に従っていた天忍穂耳尊《あまのおしほみみのみこと》に、「此の宝鏡を視まさむこと、当に吾を視るがごとくすべし。」と言ったと伝えている。

鏡は伊勢神宮に、剣は熱田神宮に祀られており、玉だけが代々天皇の居所に祀られていた。それで皇位継承の儀式の便宜上、鏡と剣は別に製作して宮中に納められ、結局三種五点の神器になっている。このうちの宮中に納めた鏡は火災で焼失し、また剣は源平の合戦で、安徳天皇とともに海中に没している。それで宮中に保管する鏡と剣は、後に製作し直して宮中に祀っている。

ところが、これらの神器は、いずれも箱の中に厳重に納められていて、何人も、天皇といえども見てはならないことになっている。後に作り直した鏡と剣は確かに存在するわけであるが、古来の三種は、果たしてその箱の中に入っているのか、あるいは何が入っているのか確証がない。歴代の天皇のうちには、こっそりふたを開けて見た者もいるらしいが、すぐに閉めてしまったので、やはり分かっていない。

日本における舶来文化由来の、典型的な「秘」の形式がここにある。その典型には第二章で述べたように二通りあって、「予感される秘」と、「隠された表現」とである。天皇制について言えば、天皇という名称や儀式のように、注意すれば分かるはずなのに、通常気付かれない「予感される秘」と、もう一つは、この三種の神器とか秘仏、秘伝などのように意識的に隠されている「隠された表現」とである。前者は「秘」の原型である翻訳語、翻訳文化の直系であるが、後者は、翻訳文化の影響から改めて意識的につくられた「秘」の文化であり、世阿弥の言う「秘すれば花」はここからうまれた、と考えられる。

意識的に隠された「秘」は、少なくとも隠されていることが分かった上で、近づくことができない。それでいっそう「秘」の思いをかき立て、「秘」の効果を高める。形はある、だがその内容はよく分からない。よく分からないのはかえってよろしい。こういう形式に置かれたものが、私たちにとってもっとも「ありがたい」ものになるのである。

天皇家の宝物というと、さらに正倉院の品々があるが、ここに納められた貴重品の多くは、中国や西域諸国からの舶来品であることはよく知られている。そしてこれらは、今日では日を限って公開されているが、近代までは勅封として、「秘」に準じた扱いで守られてきた。ついでに言うと、正倉院のように古い時代の世界各地の貴重な品物を、これだけ多く、しかも良好な保存状態で集めてあるのは、世界でもきわめて稀であることが、美術の専門家に指摘されている。

天皇家に固有の音楽というと雅楽であるが、これも古代中国伝来の音楽、舞踊である。この雅楽も、本家の中国や、これをかつて受け継いだ朝鮮においてよりも、とりわけ日本の天皇家で大事に保存されてきた。

歴代の天皇の名前、年号であるが、明らかに漢字二字の好字を選んで造語されていた。最近では、「平成」という年号であるが、その「平」も「成」も、日本人の誰にとってもきわめて平易な文字であるはずなのだが、これを制定するのに、著名な漢学者が動員され、しかも漢籍の古典から採ったのだという曰《いわ》くをつけて発表されている。

天皇家の正式の服装は、近代までは、もはや中国でも朝鮮でも見られなくなった古代の唐の服装を継承していた。これは現在でも皇位継承など重要な儀式の時には正式衣装として着用されている。

天皇家成立の神話、『古事記』、『日本書紀』などの伝える天孫降臨神話についても、東洋史学者、江上波夫によると、天孫降臨神話の支配者の先祖が天から降りてきたという筋の物語はユーラシア大陸の各地に伝えられているが、とりわけ朝鮮の神話と共通していると、こう述べている。

この記紀の伝説と『駕洛国記《カラコクキ》』に伝える、南鮮の六伽耶国の建国伝説が、内容の重要な点でことごとく一致するものであることは、三品彰英《みしなあきひで》氏が詳細に論証されたところである。とくに（一）国土を支配せよという天神の命令（神勅）をうけて天降ること、（二）真床覆衾《まとこおふすま》（記紀）・紅幅（『駕洛国記』）など、要するに布帛につつまれて落下すること、（三）槵触《クシフル》・槵日《クシヒ》・久士布流（記紀）・亀旨（『駕洛国記』）など、ほぼ同一地名と認められるところに降下したことなど、両者の一致はとうてい偶然とは信じられない。

（江上波夫『騎馬民族国家』中公新書、一九八八年、一七六頁）

また、ここで真床覆衾《まとこおふすま》というのは、皇位継承の儀式大嘗祭で行われる天皇が布団に寝る儀式であって、これについて、護雅夫氏の『遊牧騎馬民族国家』を引用してこう述べている。

……日本の天皇が人にして神、神にして人たる霊異な存在であるということも、その霊異な存在になるための儀礼も、大陸の騎馬民族国家の君主のばあいとまったく同様なことを知るのである。

(同書、二四八頁)

以上は、古代以来の、主として当時の先進文明国、中国からの舶来、翻訳文化であるが、近代以後は、先進文明の西洋諸国からの継承になる。

天皇の正式服装は、明治以後、フランス式の軍装が採用された。「御真影」として、日本中の学校に配布され、祀られるようになった写真はこの軍装で、帽子、勲章、サーベルに至るまで、当時最新舶来のヨーロッパ各国の軍隊の将軍の正装から採ったのだが、フランス陸軍将軍の正装がもっとも近いようである。西洋の中でもフランス式が採用されたのは、ナポレオンの栄光が残っていた時代の影響であろう。まもなく軍隊などの日本のお手本は、独仏戦争でドイツが勝利して後、ドイツを先進国の鑑と見るようになる。天皇の軍装は、現在ではもちろんないが、天皇家の正式の服装は、今日ではたとえば新年の挨拶などで一般に知られているように、男も女もヨーロッパの社交界の正式衣装が用いられている。

乗り物では、かつて昭和天皇のドイツ製のベンツが有名であるが、結婚式のときは、イギリス式の馬車であった。現皇太子の結婚式のときは、警備の都合上、これはもちいられなかったが、代わって、当時の世界最高級車イギリス製のロールスロイスが使用された。

宮中宴会の正式料理は、即位の礼では日本料理であったが、国賓歓迎晩餐会などではフランス料理とされている。

皇太子の教育、教養の仕上げは、先代はアメリカ人、バイニング夫人によったが、現皇太子はイギリス、オクスフォード大学であった。

3　翻訳のズレは無意識化される

以上、いろいろと例を挙げたが、このような舶来文化が、私の言う「翻訳」文化である、ということにとくに注目したい。

ここで、私の言う「翻訳」ということについて、翻訳語という言葉のもとにかえって、改めて少し説明しておきたい。とくに、翻訳語の原語の意味が変形され、しかもそのことに、人々はふつう気付かなくなっている、無意識化されているということについて述べておきたい。

抽象的なモデルで、一般化して考えよう。

A言語におけるaという一単語について考えよう。これは、A文化におけるaという一文化現象であってもよい。これが、Aとは異なるBという言語または文化に輸出、翻訳されたとする。一般にa

はそのままaとしてBに移転するのではない。そのことを示すために、aは「翻訳」によってa'となる、としよう。ここで、aとa'は既に同じではない。すなわちa≠a'である。ここで出現したa'は、Aという文化構造から離れ、その文脈を失って根無し草となったモノになっている。だから多分に意味不明であり、得体の知れないところがある。しかしまた、A、Bの両文脈にかかわりがあるので、両義的とも解釈される。私の言う「秘」の正体である。

ところで、人間の意識は、その言語、文化の構造を反映しており、言語、文化の構造は、これに対応する人間の頭脳の構造までも支配している。それで、もとの構造を遊離し、その構造との密接な係わりを失った言葉、モノは、存在するはずがない、と人間には思い込まれる。以上の例でのa'出現の経緯は、これを受け取った人々の意識には、通常捉えられていない。そこで、a'は、こちらの構造B内のbとして受けとめられるか、あるいは、もとのあちらの構造Aのaとして理解されるか、ということになる。

具体例で言うと、翻訳語の「権利」や「市民」は、一般には日本語そのものであると考えられている。あるいは、その反対に、西洋の事情に通じた学者や法律家は、「権利」=right、「市民」=citizenであると理解している。このどちらもが、翻訳論の立場から見ると間違っているのだが、そのことはふつう気付かれない。

同じように、たとえば日本の「クルマ」とアメリカのcarとは、その物質的な形から見ればa=a'で同じだが、その生活上、社会的な機能、意味から見ると、多分にa≠a'である。たとえば、公共交通機関の発達した日本の都会でクルマを持つことは、移動の足代わりとして決して便利ではないので、アメリカ人がふつうcarを持つ意味とはずいぶん違った別の意味になっている。

もっとも、以上はいわば文化相対主義的な立場からのモデルであるが、これに対して、文化普遍主義の立場から言えば、両文化は普遍的であるはずだから、a＝a'ということになるだろう。

現実の翻訳現象は、あるものはa＝a'であり、またあるものはa≠a'である。あるいは、一つの翻訳現象は、同時にa＝a'とa≠a'とを含んでいる。ところが、このa≠a'という面が、通常きわめて気付かれにくくなっている、ということをここで指摘しておきたい。

そこで、天皇制の儀式に立ち返って考えよう。たとえば、かつて日本中の人々が拝んだ「御真影」が、徹頭徹尾西洋式、フランス式装備で成り立っていたということを、人々はどれだけ意識していたであろうか。実は、人々が拝んでいたのは、上から下までフランスを身にまとった一人の日本人だった。フランス式衣装は、外見はそのままで、「天皇の正式衣装」という意味に変質していた。変質した意味のその「ありがたさ」は、多分にそのフランス式衣装に由来していたのだった。

もっと新しい時代の例を挙げよう。このことは私は、テレビの深夜放送で、田原総一郎が紹介したある打ち明け話で知ったのだが、現皇后は、初めて当時の天皇に会見するとき、宮中の正式衣装で参内するよう求められた。正式衣装がどんな服装のことであるか理解されたが、そこで要求される肘まででかかるような白い長い手袋が、ついに入手できず、白い短い手袋のまま参内した。翌日の新聞の一面トップに、その写真が掲載された。後になって、皇后の出身の家では、宮中から、「宮中某重大事件」ということで、そのことが大変厳しく咎められたという。

ここで咎められたのは、正式洋装を身に付けていないことではなく、天皇家の正式衣装を身につけていないことだった。皇后の出身の家は民間人ではあるが、とても裕福で、白い長い手袋を東京中探し回ったが、遂に入手できなかったという。白い長い手袋に対してなら拝むことができるが、短いのではありがたみがまったくない。正式洋装と、天皇家正式衣装との意味の違いは、それが遠い西洋の舶来文化であることに由来するのだが、それが日本においては入手が異常に難しくなっていることで、いっそう強く意味づけされていたのである。

4 文化人類学者の「境界論」

天皇制の文化的、象徴的な構造に関しては、とくに近頃、いわゆる象徴人類学の立場から、以上の私の意見とある程度似た議論が、いろいろと発表されている。メアリー・ダグラスや、ビクター・ターナーなどの用語で、boundary や margin や liminality についての説であるが、これらの基本用語は、境界とか、周縁などと訳されている。私はここでは「境界論」と言っている。(Victor W. Turner, *Dramas, Fields and Metaphors*, Ichaca, Cornell University Press, 1974 梶原景昭訳『象徴と社会』紀伊國屋書店、一九八一年)

こういう境界論を受けて、とくに天皇制をテーマとして、さまざまに論じられ、それは王権論と言われることが多い。それをここで、簡単に紹介しておこう。

天皇制は、政治論としては、もっぱら権力の中心に位置づけられて論じられてきたが、象徴人類学の立場から文化論として見ると、「中心」であるとともに、「境界」という正反対に相対立する二極の構造として捉えなければならない、と山口昌男は説いている。王権は、それに対置される境界の極を欠くと、全体的なものではありえない。古代日本の神話では、素戔嗚尊《すさのおのみこと》が、境界の極の体現者であった。素戔嗚尊は、母に捨てられた泣き子で、高天原で瀆聖《とくせい》行為を働き、追放され、放浪し、八岐大蛇を退治して出雲王権の創始者となった。すなわち、反秩序の混沌の導入者で、暴力性の化現であるとともに、秩序の確立者という両義的な神であって、古代天皇制は、素戔嗚尊の存在を通じて、秩序に収まりきれない諸力を包括し、宇宙論的に充足されたのだ、と説かれている。(山口昌男『文化と両義性』岩波書店、一九七五年、四―五頁)

また、日本武尊についても、こう語っている。

……貴種流離譚《きしゅりゅうりたん》のパターンを介して日本型の悲劇的主人公の原像を提供した。つまりこの主人公は流浪して共同体の罪障の贖罪のために苦難を一身に引き受けて悲劇的な死を遂げる。

こうして、王権は、この深層構造を媒介として包括的な全体性を回復する、というのである。そして、この二人の王子の王権にたいする役割を、こうまとめている。

話を素戔嗚尊＝日本武尊のレヴェルに戻すならば、この二人の役割は、王権が混沌と無秩序に直面する媒体であったといえる。したがって王が中心の秩序を固めることによって、潜在的に、そうした秩序から排除されることによって形成される混沌を生み出していくように、王子の役割は、周縁において混沌と直面する技術を開発することによって、混沌を秩序に媒介するというところにある。

（山口昌男『天皇制の文化人類学』、立風書房、一九八一年、一九〇頁）

上野千鶴子は、「ヨソモノ」という言葉で、この境界を語っている。

天皇は実は〈ヨソモノ〉だったということです。天皇は日本人の、いわゆる常民の祖先だったということは、これはとんでもない間違いです。天皇は〈ヨソモノ〉だったという、そのことを、天皇制のイデオロギーをあげて繰り返し言っているのを、読みまちがう理由は何もないと思います。

このことを、上野は改めて〈外〉という用語を使って、その基本原理をこう述べている。

まず基本的に、権力論をやる時の出発点に、〈内〉と〈外〉の弁証法というのがあります。それは、共同体とか、あるいは国家nationというものが、自己意識をもつためには、〈外〉の存在、〈外部〉の認識、というのが不可欠だ、というところから出発しています。

ここまでは、私の天皇制論と大変よく似ている。が、この少し後のところで、この〈外〉、「ヨソモノ」、すなわちここで言う「境界」について、こう言っている。

ただし、この〈外〉というのは、実体的な〈外〉である必要はぜんぜんなくて、象徴的な〈外部〉であればいい。たとえば、ある共同体にとって、〈他界〉というのが観念されれば、それは〈他界〉に対して、共同体が一定の自己意識を持つ、というふうに考えていいだろう、というふうに思います。ですから〈外〉というモノは、地理的な外である必要すらない。

（網野善彦・上野千鶴子・宮田登『日本王権論』春秋社、一九九八年、七―八頁）

私の言う翻訳論の立場からの境界論・天皇制論と、ここで紹介した文化人類学的な境界論の立場からの天皇制論とが、一見よく似ていながら、実は大事なところで違う。そのもっとも重要な違いが、ここで述べられている。

翻訳論で、天皇制が外来文化から成り立っていると言うとき、その「外来」とは、文字どおりの

「外来」であり、「地理的な外」なのである。翻訳論は本質的に、異質な二つの言語、文化を前提とする。文化人類学の境界論、王権論も、異文化との境界として捉えられる時には、理論的に翻訳論と共通するようだが、その境界は、あくまでも一つの文化の内部から捉えられている。これに反して、翻訳論では境界の現象を、本質的に二つの文化の境界で捉える。

両者は同じような問題を捉える。たとえば、鬼というのは、一つの文化の内部からはじき出された者として考えられるが、また、一つの文化の外部からやってきた者とも考えられる。事実その両方であったようだが、境界論では、結局そのどちらであるかは、ほとんど問題にならない。いずれにしても、同じように得体の知れない、異形の存在である。しかし、翻訳論の立場では、外部からやってきたものを基本において考えなければならない。王権論では、構造の内部で中心と境界がうまれ、対立すると考えるのだが、翻訳論では、もとは外部から到来して、境界が成立する。天皇制という中心は、この境界と表裏のような関係で、互いに明瞭に区別されつつ一体化するのである。

たとえば、三種の神器というのは、天皇制の最高の宝物となっているが、その成り立ちを神話の中で見てみよう。

天照大神と素戔嗚尊とが対立者として高天原で出会ったとき、素戔嗚尊は天照大神に八坂瓊の勾玉を献呈する。また、八咫の鏡は、天照大神が天の磐戸に隠れたとき、外にいた神々が、磐戸の扉を開けたとき、天照大神がすぐに気がつくように、扉の近くの木に掛けておいた。つまり、勾玉も鏡も、もとは天皇とは対立する外部からやってきたのだが、それが天照大神に捧げられ、やがてその御神体として崇められるようになっている。また草薙の剣も、素戔嗚尊が敵対する八岐の大蛇の尻尾から取り出したもので、それがやはり天照大神に献呈された。こうして、もとは明らかに外部から中心へとやってきて、やがて両者は、すぐ近くで一体化するのである。

翻訳論における翻訳語、翻訳文化は、現象として見れば、やはり意味不明で、両義的とも解釈される異形の存在である。しかしそれは、すでに述べたように、A、B両文化の間で、A文化のaが、B文化に移転して$a \neq a'$であるようなa'に転化して出現したからなのである。

たとえば、近代以後の日本で、「社会」とか「近代」など、あるいは「異化」とか「周縁」などの翻訳語が、その意味がよく理解されないままに、と言うよりも、むしろよく意味が分からないからこそ、人々に好んで乱用されている。また近頃では、いわゆる外来語が、テレビのコマーシャルなどで、たとえば「コンドロイチンが効きます。」のように、ほとんど誰にも分からない言葉のまま、誰にも分からないからこそ、いっそう効果的な言葉としてよく使われている。私はこれを「カセット効果」と名付けていて、翻訳が権威に転化するのもこの効果による、と考えている。

本書では、この同じ「効果」を、その権威の裏側の「秘」という側面から考察しているわけである。

5　翻訳論の構造

文化という名のもとに、人間世界の事象を包括的に捉えようとする試みは比較的新しく、せいぜい十九世紀後半以後に始まったようで、近代という時代がこういう概念を要請したと言えるだろう。しかし他方、およそ文化という対象はきわめて漠然としていて、捉え難い。一般に、現象を客観的、学問的に考察するには、何らかの物質的な拠り所を捉えるのが有効であり、望ましい。私の方法では、その文化を捉える物質的な拠り所は、言葉である、と考えている。日本文化を「翻訳文化」であると捉え、天皇制をその翻訳文化であると考える私の拠り所は、翻訳語の構造である。

翻訳文化論は、文化現象を言葉の構造から考えるわけだが、とくに異質な言語との出会いの問題から考える。このことは既に「出会い」の章で述べたが、改めて、天皇制考察の問題として考えたい。

ソシュール（F. de Saussure）以来の構造主義は、今日に至るまで、このような異質な構造の出会いの問題を射程に入れていない。一般に今日までの人文科学、社会科学の理論では、一つの構造ないしシステムを問題にするときでも、このような視点が欠落しているように思われる。現実の世界では、とくに近年、異質な文化、思想、言語の出会いが、至るところで深刻な問題となってきているのである。文化の「境界」を重視する近頃の文化構造論や、オープンな構造を説くシステム論などは、こうした時代の要請に応えようとしている、と見ることもできるだろう。しかし、こうした議論で、異質な他者との出会いを問題にするときでも、自ずと異質な存在どうしを超えた、いわば第三者の立場を、無言のうちに前提としているように思われる。

私の言う翻訳論は、このような問題に対して、いわば第三の超越的な立場を排除して、初めから異質の出会いの場を設定し、そこから逆に、一つの文化、言語、人間関係などの問題を考えていこうとするわけである。王権論で説くような、境界の混沌、反逆、瀆聖などの特異な状況は、構造の中心に対して生みだされるとされるのに対して、翻訳論では、境界とは元来そういうところなのだと、当然の前提とするわけである。

このような、いわば初めから未知、混沌を孕んだ構造として、私は言語構造に立ち戻って考えて、日本語における音読み―訓読みと、漢字かな混じり文との二つに注目したい。

音読み―訓読みとは、一つの漢字を、中国語に近い「音読み」と、これに対応する大和言葉の「訓読み」の二重の読みで捉える日本語独特の漢字理解の方法で、これはやがて日本人の外国語理解、外国文化理解の基本構造を形づくっている。そして「漢字かな混じり文」とは、このように理解される漢字、すなわち本来外来語である文字を、土着の大和言葉と組み合わせて、文章をつくる方法である。構造主義の用語で言えば、前者は漢字と大和言葉との「連合」関係 paradigmatic relation であり、後者は「統合」関係 syntagmatic relation ということになるだろう。

理論的に言うと、ここに出現する構造は、元来一つの構造では捉えられないはずの異質な「外部」を取り込んで、自らの要素に位置づけるための装置であって、土着の言語構造には存在しなかったはずの新たな対立関係を創り出しているのである。この新たな対立関係は、構造主義で言う「差異」difference と似たところもあるが、次に述べるように、価値を伴うところが同じでない。

これは、基本的に異言語と土着の言語との「出会い」の構造であって、以上のように構造主義の用語を使ってはみたが、いわゆる構造主義の概念からははみ出している。そこでここからは翻訳論の構造の問題になるのであるが、ごく要約して言うと、異言語の言葉は本来意味不明のはずで、それがそのまま、「音読み」あるいは「漢字」としてこの翻訳構造に取り込まれるには、そのような異言語は土着の言葉と対等ではなく、最初からいわばレベルの異なる言語として位置づけられている。私の用語で言う「カセット効果」がそれである。たとえば「天皇」は「すめらみこと」に対して、「社会」は「よのなか」に対して、正確な理由は不明であっても、別の価値、あるいは一段と高い価値の言葉、意味とされ、そう位置付けられることによって受け入れられるのである。

前述の上野千鶴子の言う〈内〉と〈外〉とは、私のここでの用語では、「和」と「漢」ということで、〈外〉が「象徴的な〈外部〉であればいい」と言うのに対して、私の言う「漢」は、以上のように、そのもとは「実体的な〈外〉」と考えなければならないのである。

6　日本史を貫く天皇制の構造

天皇制は、一面で日本文化の独自性を保存してきたが、他面で、それが「翻訳」である限り、異文化との交渉を契機として時代とともに変化していくことも必然である。翻訳論としての天皇制論は、この両面から、すなわち独自性の保存という「和」の面と、歴史の流れの中における翻訳的変質という「漢」の面と、二つの側面を考察しなければならない。とくにこの後者の側面が、「実体的な〈外〉」を問題にする翻訳論にとって重要である。

天皇制の儀式は、近代以後、旧憲法と同時代に、ヨーロッパの王権神授説 Divine Right of Kings という「漢」の翻訳によって、改めて、一般民衆の日常生活の上に臨む形で、上下の関係で、権力的な「差別」の構造として形づくられたが、その後、昭和の敗戦後の新憲法と同時代に、権力的な「差別」の役割は廃止され、民衆の上に臨む形ではなくなった。

旧大日本帝国憲法はプロシャ憲法の翻訳に基づいてつくられていたが、昭和の敗戦後、天皇制は symbol の翻訳語「象徴」という新たな翻訳的意味を付与されてつくり直された。新憲法制定の過程で、帝国議会で、この「象徴」という言葉の意味を議員から質問されたとき、憲法制定担当の金森徳次郎国務大臣は、「あこがれ」ということだと答えて、満場の失笑をかった。この出来事は、「翻訳語」、「翻訳文化」の混沌を端的に表していた。翻訳語「象徴」は、制定の責任者たちにとってもその意味は不明のまま、ありがたい言葉として憲法の中に位置づけられた。その意味内容は、やがて次第につくられていったのである。

憲法上では、天皇の役割は「国事行為」というのがその中心である。その多くは、いわゆる形式的な行為である。たとえば「天皇は、国会の指名に基づいて、内閣総理大臣を任命する。」と規定されているときの「指名」という実質的な行為に対する「任命」である。その他、条約の公布、栄典の授与なども、国民の代表による実質的な行為に対する形式的な行為である。これらは、もっぱら政治的に見れば、重要度の低い行為と評価されるが、文化構造として見る限り、「違い」をつくり出す「連合」関係を成り立たせているので、不可欠な二分の一の役割なのである。

敗戦後、天皇制の権力的な差別の役割が廃止されて、次に「漢」の位置に登場したのは、イギリスなどヨーロッパ王室のデモクラティックな王家の役割であった。天皇制の儀式は、テレビなどのメディアの発達と相俟って、民衆の日常生活のすぐ隣り合わせに位置づけられるようになって、今日に継承されている。それらの儀式は、即位の礼や大喪の礼のように皇室典範に規定されているものもあるが、今日では、習慣による伝統的な儀式である大嘗祭、結婚式の儀式などが実質的には公式的な儀式であり、また同じような意味の行事は、とりわけヨーロッパの王室をお手本として絶えず新しく取り入れられている。たとえば、スポーツなどの国民的行事における挨拶、災害の見舞い、慈善事業への参加、外国訪問などで、そのたびにテレビなどマスコミは天皇家の人々を大写しにし、視聴率も高くなる。これを天皇家が芸能人並みになったという見方もあるが、それよりも、民衆の日常の「ケ」に対する「ハレ」の役割として、互いに隣り合わせの「統合」の文化構造をつくっているとみる視点が大事であろう。これは、「差別」discrimination の構造ではなくて、文化論的にはもっと基本的な「違い」difference の構造である。

天皇制は、近代になって明治憲法で権力的な「差別」の構造に位置づけられたが、天皇制の長い歴史の中では、これはむしろ例外であって、ここで言う「違い」の役割こそ、その歴史を貫く核心であろう。

参考文献

第一章

福沢諭吉『福翁自伝』岩波文庫　一九八六年

『日本思想大系24　世阿弥禅竹』岩波書店　一九七四年

金関恕・佐原真編『古代史の論点5　神と祭り』小学館　一九九九年

第二章

柳父章『一語の辞典　愛』三省堂　二〇〇一年

第三章

T. Ogawa, K. Miura, T. Masunari, D. Nagy Eds, *KATACHI U SYMMETRY*, Springer, 1996

和辻哲郎『風土　人間学的考察』岩波文庫　一九七九年

本多久夫『シートからの身体づくり』中央公論社　一九九一年

土居健郎『甘えの構造』弘文堂　一九七一年

やまだようこ『私をつつむ母なるもの――イメージ画にみる日本文化の心理』有斐閣　一九八八年

第四章

岸俊男編『日本の古代14　ことばと文字』中央公論社　一九八八年

Hellen Keller, *The Story of My Life*, Garden City ; Doubleday, Doran & Co.,（1st. ed. 1902）1936

Sussanne K. Langer *Philosophy in a New Key*, Harvard U. P. 1951

S・K・ランガー　矢野萬里他訳『シンボルの哲学』岩波書店　一九六〇年

第五章
柳父章『翻訳語の論理』 法政大学出版局 一九七二年
第六章
『津田左右吉全集 第二巻』 岩波書店 一九六三年
第七章
『弘法大師 空海全集』 筑摩書房 一九八四、八五年
立川武蔵『最澄と空海 日本仏教思想の誕生』 講談社選書メチエ 一九九八年
田久保周誉・金山正好『梵字悉曇』 平河出版社 一九八一年
立川武蔵・頼富本宏編『日本密教』 春秋社 二〇〇〇年
第八章
Charlevoix, P. de, *Histoire de l' Etablissement des Progrès et de la Décadence du Christianisme dans l'Empire du Japon*, Rouen, 1715
海老沢有道『日本キリシタン史』 塙書房 一九六六年
松田毅一監訳『十六・七世紀イエズス会日本報告集』 同朋社 一九九四年
部落問題研究所編『部落の歴史と運動 前近代篇』 部落問題研究所 一九八六年
寺木伸明『被差別部落の起源——近世政治起源説の再生』 明石書店 一九九六年
松田毅一、川崎桃太訳『フロイス日本史』 中央公論社 一九八一年
第九章
James Massey "Historical Roots" In J. Massey（eds.）*Indigenous People : Dalits-Dalit Issues in Today's Theological Debate*, Kashmere Gate, Delhi, 1994
Bernard S. Corn, "The Census, Social Structure and Objectification in South Asia", In *An Anthropologist among Historians and Other Essays*, Delhi, O. U. P. 1987

Stanley Wolpet, *A New History of India*, Fifth Edition, Oxford University Press, 1977
小谷汪之『インドの中世社会』岩波書店　一九八九年
山崎元一、佐藤正哲編『カースト制度と被差別民　第一巻　歴史・思想・構造』明石書店　一九九四年
朝尾直弘編『日本の近世7、身分と格式』中央公論社　一九九二年
菅孝行編『いまなぜ差別を問うのか』明石書店　一九八五年
James Woodburn "Egalitarian Societies", *Man* (n. s.), Vol.13, No.3, 1982
Mary Douglas, *Purity and Danger*, Routledge, 1969（塚本利明訳『汚穢と禁忌』思潮社　一九八五年）

第十章

津田左右吉「天皇考」『津田左右吉全集　第三巻』岩波書店　一九六五年
Victor W. Turner, *Dramas, Fields and Metaphors*, Ichaca, Cornell University Press, 1974（梶原景昭訳『象徴と社会』紀伊國屋書店　一九八一年）
江上波夫『騎馬民族国家』中公新書　一九八八年
山口昌男『文化と両義性』岩波書店　一九七五年
山口昌男『天皇制の文化人類学』立風書房　一九八一年
網野善彦・上野千鶴子・宮田登『日本王権論』春秋社　一九九八年

あとがき

「秘の思想」というテーマは、翻訳語についての私の考え方を、日本の伝統文化の分析に応用した、と言えるだろう。私の固有の用語で言えば、本書は、「カセット効果」の視点から見た日本文化論である。私はこれまで、ものを書き始めるようになって以来、ほとんど近代日本の翻訳の分析に専念してきたのだが、その視点を変えて、日本文化の伝統的な核心とされているような物事を、翻訳理論の視点から見直してみたい、という思いがあった。

本書では、日本史の始めのあたりから、古代、中世、近世と、歴史上の問題をあつかっているが、改めて、近代以後の日本文化が、遠い過去の歴史につながっている、と分かった。有史以来、この島国の文化は、翻訳文化であった。

翻訳文化という言葉は、ジャーナリズムなどでも割合よく使われているようだけれど、どうもまともに考えられてはいないようである。学問的な論文でもあまり見かけない。私の出発点は、翻訳論であり、そこから展開する翻訳文化論である。それは今でも私の第一の仕事であり、研究テーマだと思っている。

私はこれまで、あちこちの大学で教えていたけれど、翻訳論とか、翻訳文化論の講義はほとんどしたことがない。頼まれないのである。需要があるのは、翻訳論をもっと狭くしたような、具体的な翻訳技法とか、あるいは翻訳論をもっと大きく広げたような比較文化論とかである。翻訳の技法や比較文化論は、それなりに結構おもしろいし、収穫があったと思う。しかし、教える場を離れて、自分でもっともやりたいのは、やはり、翻訳論、翻訳文化論である。本書では、そういう自分のテーマを、思いっきり、のびのびと展開させてもらった、という感じである。

そういうわけで、本書の「秘」というテーマは、本質的に私の翻訳文化論なのである。「秘」という言葉によって、翻訳文化論を、日本史の中で具体的に、生々しく捉えることができたように思う。密教とは「秘」密の教えである。キリシタンを、詩人は邪宗門「秘」曲とうたった。天皇家の最高の宝は「秘」宝である、などなど。


ここで、現代日本における「秘」について一言述べておきたい。

現代日本の「秘」といえば、まず西洋船来文化の受容のあり方が問題であるが、これについては私はこれまで著書などでたくさん述べてきたので省略し、ここでは、日本文化の内部における「隠された表現」としての「秘」について述べたい。

今日でも、日本人は「秘」の考え方、暮らし方が好きのようである。物事をハッキリさせるということには、どんな分野でも必ず抵抗がある。大事なことほど、隠れたところで行われる。根回し、稟議、肩たたき、手打ち、耳打ち、目配せ、なあなあ、……。科学技術が驚異的に進歩し、ＩＴの時代だと言われるようになっても、その成果は、結局「秘」の文化に奉仕させられる。たとえばケータイ電話というのは、日本の工業生産の最先端を支える技術だが、この世界最先端の諸技術も、若者たちの「秘」の人間関係の要求に応えて発展してきた、とも言えるだろう。今日の日本の若者たちは、大人も含めて、ケータイがもたらした「出会い系」という「秘」の人間関係に熱中している。

「秘」と言えば、官庁や会社など組織における「秘」の扱いが、よく社会問題になるが、日本文化の中に生きている一人一人の中にひそむ「秘」と深くかかわっているように思う。和辻哲郎は、「人間」という言葉に日本人の「人」観を考察しているが、そもそも人を「人間」として、人と人との「間」で捉える人間観と密接につながっている。

人間関係の「秘」ということを、今日表向きの立場でとりあげるなら、まずプライバシーという観念がある。憲法第十三条「すべて国民は、個人として尊重される。」というのは、その考え方の根拠を示している。しかしこれは、本書で説いてきたような翻訳文化論の視点からみるならば、西洋舶来の思想である。残念ながら、日本文化の中では、まだ歴史が浅い。それは現代日本のオモテには、ハッキリと場を占めているが、人々の日常生活のウラまでは、なかなか浸透していない。そこで、こういう舶来観念を、そのオモテとウラとで対比して考えてみよう。

個人 individual は、他の個人と、まず断絶している。個人は、まず社会と断絶しているところで成り立っている。個人が断絶されているから、次の段階として、その個人どうしの集う社会 society の形成に熱心になるのであろう。society には、社交クラブという意味も、広く社会という意味もある。個人は、隣にいる他の個人と、そしてはるか遠くの見えない所の他の個人との関係にいたるまでを、社会として形成していく。これに対して、日本語の人間というのは、個人と社会とが、オモテでは離れていても、ウラでは断絶なしに包括されて、「間」でつながっている。これを逆に言えば、日本人にとって社会とは、断絶なしにつなげられる「間」の範囲で捉えるような観念であろう。「秘」はここにひそんでいる。

日本における人間関係は、「間」が実感できる範囲で成り立っているように思う。実感できる範囲は限られている。その限られた範囲では、人間関係はきわめて親密だが、その範囲を越えると、関係はまったく白々しくなるようだ。一つの例として、都会の通勤時の満員電車の中を考えてみよう。人々はぎっしり肩を寄せ合っているが、あそこには「人間関係」はない。すぐ隣に苦しそうな様子をしている人を見ても、まずは知らん顔であろう。アメリカから日本に留学してきた女子学生が、インターネットに書いていたのを読んだことがあるが、日本人は礼儀を知らないと怒って、もう帰ると言っていた。人混みの中でリュックを他人にぶつけても知らん顔している。日本には「エクスキューズミー」というようなお詫びの文句がないのか、と言うのだった。おそらく彼女は日本の満員電車に乗ったことがないのだろうと思った。

日本語には、誰でも知っているように、「すみません」とか「ごめん下さい」というようなお詫びの文句がある。日本人の間では非常によく使われている。そこで、こういう種類の文句の使われ方を考えてみた。西洋を旅行するとすぐ気付くのは、町で他人とすれ違ってちょっと肩を触れ合っても、「エクスキューズミー」などと言い合っている。なるほど、町ですれ違うだけの人どうしにも、人と人との「間」関係がある。日本にはこういう習慣はまずない。日本人の使う「すみません。」や「ごめん下さい。」は、ある程度すでに知り合った「間」柄での文句である。こういう文句は、本来謝るときに使うはずなのだけれど、やたらに使う。人の家を訪ねると、まず「ごめん下さい。」と謝る。これから「間」をつくろうと人に話しかけるときにも、まず「すみませんが。」と謝る。

人と人との「間」には、気遣いとか配慮といった感情が流れている。その「間」が、日本人どうしでは、ある限られた範囲ではとても濃密だけれど、その範囲はどうやらかなり狭いのではないか。少なくとも、「間」と言えるような関係の成立する仲と、そうでない仲とには、ハッキリとした断絶がある。つまり、家族や親戚や友人や、広く言ってもせいぜい同じ組織に属する者どうしの内輪の人間関係などと、こういう内輪に対する外部との断絶である。

人間関係の「秘」は、この両者の境目にできる。内輪どうしでは当然周知の情報や行為でも、その外部に対しては隠される。それは内輪どうしの当然であり、道徳でもあるのだろう。よくジャーナリズムを賑わしている組織の「秘」の問題でもそうだろう。この文章を書いている現在、東京電力の原子炉施設のひび割れ隠しが話題になっているし、また北朝鮮に拉致された被害者の死亡年月日について、外務省は当初隠していたことが、テレビや新聞で盛んにとりあげられている。同じような問題は年中報道されている。組織の外部から見ると、こういうのは不愉快で、外部に対して隠すことが、組織の優位を保持することになるからだろう——と言いたくなるのだが、そういう批評は結果論であって、隠した当人としては、「間」感覚に基づいて、当然のようにふるまったに過ぎないのだろう。隠していたことがバレて責め立てられると、悪いこととは気付きませんでした、すみません、などと言っている表情からも分かる。個人の「秘」、恋人どうしの「秘」が外部に対して守られるように、組織の「秘」も守られるのだろう。第三章「オモテ・ウラの文化」でのべたように、「秘」の加担者が善玉であるという古典文芸以来の伝統は、今日でも受け継がれているのであろうか。

プライバシーという概念は、「秘」が当然守られるべき範囲ということを示しているのだが、日本文化では、この範囲が、個人よりも広く、社会よりは狭い、と言えるのではないか。組織がその外部に対して守っている「秘」は、いわば組織のプライバシーであるとされる一方で、一人一人の個人や家族についての守られるべき「秘」の意識は、かなり弱い、と私は考えている。たとえば、アメリカ郊外の標準的な住宅では、住宅のまわりは庭で広く囲まれていて、隣の家の物音は断絶されている。私たちの国では、たとえ土地が広くても、そういう住宅は求められないだろう。私の知る限り、ほとんどの日本のマンションや、集合している住宅では、隣の物音が聞こえる。日本人は、隣の物音の聞こえる住宅を、むしろ求めている、と私は独断している。「秘」は、いわば共有されている。

人「間」観の背景には、狭い国土に人が密集して住んできたという歴史があるし、木造住宅の伝統もある。そしてやはりここでは、本書の第八章「キリシタン」の章で述べた、宗門改めの影響を挙げたい。隣家への「覗き」が道徳的にも、法律的にも正しいとされるようになった、という歴史である。現行憲法はこれを否定しているのだが、文化伝統の根は深い。少なくとも、隣家のプライバシーへの過度の関心が道徳的にいけないことという意識は、今日でも一般には薄いようである。有名人についての暴露記事はいつも熱心に求められているし、日常生活でも、隣の人の動静に関心が強い。

本書の各章の初出は、次の如くである。しかし、今回「秘の思想」というテーマでまとめるに当たって、いずれも大幅に書き直してある。

第一章
「「秘」の構造——聖の日本的かたち」、『形の文化会』研究発表、二〇〇〇年
第二章
「翻訳——出会いの視点から」『悠久』第八七号、二〇〇一年
第三章
"Katachi Versus Form", In T. Ogawa, K. Miura, T. Masunari, D. Nazy, Eds. *KATACHI U SYMMETRY*, Springer-Verlag, 1996
第五章、第六章
『翻訳語の論理』法政大学出版局、一九七二年

第八章、第九章
「カースト制とキリシタン禁制・部落差別」『国際身分制研究会中間報告書』社団法人部落解放研究所、一九九八年

第十章
"The Tenno System as the Symbol of the Culture of the Translation" In *JAPAN REVIEW* No.7, NICHIBUNKEN, 1996

本書を書き始めたきっかけは、『翻訳語の論理』（一九七二年）以来私の本を担当して下さった編集者、松永辰郎さんのおすすめで、「カセット文化論」を書きませんか、と前々から言われていたのだった。ようやくこれで約束がはたせました。

二〇〇二年九月

柳父　章

著者略歴

柳父　章（やなぶ　あきら）

1928年東京生まれ．東京大学教養学科卒業．翻訳論・比較文化論専攻．著書：『翻訳語の論理』『文体の論理』『翻訳とはなにか』『翻訳文化を考える』（以上法政大学出版局刊），『翻訳語成立事情』（岩波書店），『比較日本語論』（バベル・プレス），『翻訳の思想』（筑摩書房），『文化〈一語の辞典〉』（三省堂），『翻訳語を読む』（光芒社）他．

秘の思想　日本文化のオモテとウラ

2002年11月25日　初版第1刷発行

著　者　© 柳　父　　章

発行所　財団法人　法政大学出版局

〒102-0073 東京都千代田区九段北3-2-7

電話03(5214)5540／振替00160-6-95814

印刷／三和印刷　製本／鈴木製本所

Printed in Japan

ISBN4-588-43605-8